Das Pferdisch Prinzip

Bodenarbeit

Christine und Friedhelm Pohl

Wir widmen dieses Buch **Gini** *(Cutters Gingersnap), mit der dieses Bodenarbeitskonzept über viele Jahre entwickelt worden ist und ihrer Tochter* **Spacki** *(Gun Smoke Jessie), deren früher und plötzlicher Tod uns wieder bewusst gemacht hat, was für ein Geschenk es für uns Menschen ist, unsere Zeit mit diesen herrlichen Tieren verbringen zu dürfen, um von ihnen zu lernen.*

Das Pferdisch Prinzip

Bodenarbeit

Christine und Friedhelm Pohl

Respekt – Vertrauen – Balance

Müller Rüschlikon

Einbandgestaltung: Katja Draenert

Titelbild: Dr. Christine Pohl

Bildnachweis: Dr. Christine Pohl, Pferdisch GbR

Alle Angaben in diesem Buch wurden nach bestem Wissen und Gewissen gemacht. Sie entbinden den Pferdehalter nicht vor der Eigenverantwortung für sein Tier. Für einen eventuellen Missbrauch der Informationen in diesem Buch können weder die Autoren noch der Verlag oder die Vertreiber des Buches zur Verantwortung gezogen werden. Eine Haftung für Personen-, Sach- und Vermögensschäden ist ausgeschlossen.

ISBN 3-275-01558-3
ISBN 978-3-275-01558-0

1. Auflage 2006

Sie finden uns im Internet unter www.mueller-rueschlikon-verlag.de

Lektorat: Claudia König
Herstellung: Medienfabrik GmbH, Möglingen
Druck und Bindung: Fortuna Print Export, SK-85101 Bratislava
Printed in Slovac Republic

Inhalt

Vorwort

Als gelernte Sozialpädagogin und Ausgebildete des Deutschen Kuratoriums für Therapeutisches Reiten arbeite ich seit vielen Jahren mit Pferden im heilpädagogischen Bereich. In der Interaktion mit den Pferden gab es immer wieder Fragezeichen, die mich in meiner Arbeit unzufrieden machten. Seit Jahren war ich auf der Suche nach der richtigen Methode mit Pferden adäquat zu arbeiten. Immer sagte mir meine innere Stimme: »Das kann doch nicht richtig sein, was ich da mache.« Ich konnte es aber nicht auf den Punkt bringen und habe immer nur einzelne Segmente meiner Arbeit analysiert. Der Zugang zum Ganzen, also wie man in der Reitersprache sagt: »das Zusammenspiel von Interieur und Exterieur beim Pferd« wurde bei all dem, was ich vorher gelernt hatte, nie ein geschlossener Kreis. Ich habe im Laufe der Jahre viele Lehrgänge und Schulungen bei angesehenen Lehrern besucht, um mich ständig weiterzubilden. Immer wurde mir die Skala der Ausbildung vor Augen gehalten. Meiner Auffassung nach wird diese in der Arbeit mit den Pferden zu schnell abgearbeitet. Dazu kommen fragliche Hilfsmittel, wie spezielle Zäumungen, Ausbinder, Dreieckszügel, Sporen, Gerte oder was es sonst noch so auf dem Markt gibt.

Was soll damit erreicht werden? Wird dem ausgebundenen Pferd eine Anlehnung geboten, damit es in die Lage versetzt wird, taktrein, losgelassen zu laufen, um dann schwungvoll und geradegerichtet in die Versammlung zu gelangen? War das Pferd so überhaupt in der Lage, dies zu tun? Konnte das dem Pferd wirklich Spaß machen? Fördere ich so die Kooperation des Pferdes oder zwinge ich es in eine Position, aus der es für das Pferd zunächst keinen Ausweg gibt? Es kann sich im Grunde nur ergeben oder widersetzen. Kann ein Pferd überhaupt ausbalanciert auf der gebogenen Linie laufen, ohne das Gleichgewicht zu verlieren, wenn ich auch noch die Longe am inneren Trensenring einhake? Werfe ich das Pferd durch die Longenanlehnung ständig aus der Balance? Und was ist mit der inneren Schulter, wie bekomme ich diese entlastet? Das waren alles Fragen, auf die ich nie eine Antwort bekommen habe.

Durch meinen Beruf, ich leite das Pegasus Reit- und Therapiezentrum in Steinfurt, hatte ich die Gelegenheit, mit vielen verschiedenen Pferden zu arbeiten. Der Erfolg, wenn man es so nennen kann, war sehr unterschiedlich. Aus heutiger Sicht und mit meiner Pferdisch-Erfahrung würde ich sagen, dass ein Teil der Pferde sich widersetzt hat, ein Teil hat nur augenscheinlich mitgemacht, die anderen sind eher apathisch ihre Runden gelaufen und haben so ihren Unmut zum Ausdruck gebracht. Die wichtigste Erkenntnis jedoch war die Tatsache, dass keines der Pferde in Balance war. Von Respekt ganz zu schweigen, nicht eins meiner ach so braven Therapiepferde hatte Respekt! Das Erkennen dieser Respektlosigkeit war der Schlüssel für eine konstruktive Zusammenarbeit mit den Pferden.

Und hier komme ich wieder an den Punkt meiner Motivation, etwas verändern zu wollen: Es »fühlte« sich einfach nicht gut an, so mit den Pferden zu arbeiten und auch auf der therapeutischen Ebene fehlte mir noch ein wichtiger Baustein. Ich liebte meine Arbeit mit den Pferden, aber es machte nicht wirklich Spaß, für keinen und am wenigsten für die Pferde.

Dann bin ich vor einem Jahr durch Zufall, falls es Zufälle gibt, in einem Seminar bei Pferdisch gelandet. Ich war skeptisch, aber auch neugierig, denn ich wusste, ich war noch nicht an meinem Ziel. Das erste Seminar, das ich dort besucht habe, sollte alles verändern. Mir ist es bei aller Fachkompetenz, als Trainer Reiten und Voltigieren und als vom Deutschen Kuratorium für Therapeutisches Reiten anerkannte Reitpädagogin mit jahrelanger Praxis wie Schuppen von den Augen gefallen: Alles was ich im letzten Jahr über die Bodenarbeit von Christine und Friedhelm gelernt habe, war genau das, wonach ich immer gesucht habe. Ich habe gelernt, in gegenseitigem Respekt und Vertrauen mit dem Pferd zu arbeiten. Ich habe praktische Handlungskompetenz erworben, das Pferd in eine innere und äußere Balance zu bringen, und das alles ohne Zwang oder irgendwelche Hilfsmittel. Nur am Knotenhalfter mit Seil und Fahrpeitsche bin ich heute in der Lage, in kürzester Zeit losgelassene, ausbalancierte Pferde zu arbeiten, die mit schwingendem Rücken und mit Spaß an der Arbeit ihren Job verrichten. Das macht allen so viel Freude, dass es sich auch auf die Arbeit mit den Kindern auswirkt, die zu uns zum Reiten kommen. Es ist, als klart die Luft auf und alles wird ganz einfach, klar und greifbar, das schafft eine entspannte Atmosphäre, in der es allen leicht fällt, zu lernen.

Aufgrund dieser positiven Erfahrungen stehe ich heute kurz vor Abschluss meiner Pferdisch Coach Ausbildung. Mit dieser Ausbildung kann ich den Kindern und Erwachsenen, die in unsere Einrichtung kommen, eine Förderung zukommen lassen, die von Fachkompetenz, besonders aber von liebevoller Zuwendung auf der Basis der Gleichberechtigung gekennzeichnet ist.

Ich möchte mich auf diesem Weg bei Christine und Friedhelm Pohl bedanken, für alles, was sie mir beigebracht haben. Dazu gehört eine an sich simple Sache wie Respekt und Vertrauen im Umgang mit dem Partner Pferd und der Erhalt von innerer und äußerer Balance, daneben aber auch für die persönliche Entwicklung und Bewusstwerdung, die mich meinen Beruf nun mit sehr viel Freude und unter einem ganz neuen Gesichtspunkt ausüben lässt.

Ich hoffe, dass allen diese Art der Arbeit mit den Pferden genauso viel Spaß macht, wie mir und meinen Pferden. Ich würde mich freuen, wenn durch dieses Buch möglichst viele Pferdeleute erreicht werden, damit ein Umdenken in den Köpfen stattfindet.

Eure Pferde werden es Euch danken.

Manuela Petzel, Dipl.Soz.Pädagogin
Steinfurt, im Dezember 2005

1. Grundlagen der Pferdisch Bodenarbeit

Cutters Gingersnap (»Gini«)

Wir stehen beim Schreiben dieses Buches vor der Aufgabe, mit Standfotos und Wörtern Bewegungsabläufe verständlich zu machen. Um mit Pferden harmonisch und bestimmt umgehen zu können, müssen wir uns bewegen, wir müssen im wahrsten Sinne des Wortes beweglich sein. Wir müssen geistig und körperlich beweglich sein, und wir müssen uns auch tatsächlich bewegen.

Das bedeutet:

- Wir müssen uns trauen.
- Wir müssen uns auf uns verlassen.
- Wir müssen in uns sein.
- Wir müssen unseren Körper in einzelnen Bereichen anspannen und uns sofort wieder entspannen können, um mit der Körpersprache unsere Intention, die dahinter steht, zu verdeutlichen.

Und genau das ist der Punkt, die Intention, die dahinter steht. Wenn die nicht da ist, dann bewege ich mich eher plan- und ziellos. Das spürt das Pferd. Das Pferd spürt meine Absicht und reagiert darauf. Auch Menschen spüren unsere Absicht. Die Reaktion des Pferdes auf unsere Intention ist auch für den Betrachter von außen sichtbar. Wenn wir etwas vortäuschen, eine Rolle spielen, wenn wir nicht wirklich hinter unserer Absicht stehen, dann kommen wir uns komisch vor, sind unsicher und dann ist uns das peinlich. Das Pferd kann uns in diesem Fall nicht verstehen.

Sich bewegen, das ist das Zauberwort. Sich bewegen heißt, sich entwickeln, mit dem Leben fließen, wachsen, sich ausdehnen, mehr werden. Zu einer selbst bestimmten Persönlichkeit werden.

Sind wir dagegen unbeweglich, werden wir kaum in Harmonie und Einvernehmen ein Pferd bewegen können. Weder am Boden, noch unter dem Sattel. Ein unbeweglicher Reiter ist ein Handicap für jedes Pferd. Ein Fremdkörper, der es stört, der die Bewegung behindert, der die natürliche Dynamik hemmt.

Wo aber könnten wir besser lernen, uns wieder zu bewegen, beweglich zu sein, als in unserem ureigensten Element, nämlich am Boden? Hier können wir zu uns zurückfinden. Wir können uns über unsere Absicht klar werden und diese durchsetzen. Wir können wieder geschmeidig werden und können unseren Mut entwickeln. Wir können explosionsartig unsere Kraft entfalten, können uns ausleben und uns danach sofort wieder zurücknehmen.

Wir können aus der reagierenden Rolle heraus den aktiven Part übernehmen und nach und nach zu einer Autorität werden. Welche Chance – und das Pferd spiegelt uns jederzeit sofort, wie weit wir sind.

Was ist das Pferdisch Prinzip?

Das Pferdisch Prinzip steht für einen Umgang mit anderen Kreaturen, der von gegenseitigem Respekt und Vertrauen gekennzeichnet ist. Einem Umgang, der auf Gewalt und Zwang verzichtet. Einem Umgang, bei dem sich niemand klein macht, indem er sich einschmeichelt oder einkauft. Einem Umgang ohne Angst, Aggression, Ehrgeiz und Geltungssucht.

Das Pferdisch Prinzip steht für die Übernahme von Verantwortung und das Setzen von Grenzen. Das Miteinander ist geprägt von Freundlichkeit, Ehrlichkeit und liebevoller Zuwendung. Das Pferdisch Prinzip verkörpert genau den Umgangsstil, mit dem wir selber gerne behandelt werden möchten.

Wir haben das Pferdisch Prinzip von den Pferden gelernt und in ein vermittelbares Konzept gebracht, nach dem wir lehren und arbeiten. Das Prinzip ist in unserem ersten Buch »Das Pferdisch Prinzip – Neue Wege im Umgang mit Pferden und Menschen«[1] beschrieben.

1 *Mehr Infos im Anhang*

Was ist Bodenarbeit nach dem Pferdisch Prinzip?

Wenn wir hier von Pferdisch Bodenarbeit sprechen, dann ist nicht die Bodenarbeit gemeint, die der Leser vielleicht von anderen Konzepten her übertragen mag, schon gar nicht das Longieren eines Pferdes.

Jeder nur denkbare Umgang mit Pferden, sofern wir nicht im Sattel oder auf dem Kutschbock sitzen, ist mit Bodenarbeit nach dem Pferdisch Prinzip gemeint. Das Betreuen des Pferdes bei einer schmerzhaften tierärztlichen Behandlung durch den Menschen, dem es vertraut, gehört ebenso zu dieser Arbeit, wie das Gewöhnen an Angst auslösende Passagen oder die Schulung des Pferdes zum Reitpferd.

Ein Pferd lernt immer, nicht nur, wenn wir Begebenheiten als Schulstunde oder Reitkurs bewerten. In jeder Begegnung wird das Verhältnis zwischen Mensch und Pferd beeinflusst. Entweder wird es bestärkt, oder aber nachhaltig erschüttert und zerstört.

Wir müssen uns darüber klar sein, dass es nicht »ein bisschen schwanger« gibt. Ebenso wenig gibt es »ein bisschen Vertrauen« oder »ein bisschen Respekt«. In jeder einzelnen Begegnung erweisen wir uns als Autorität, oder auch nicht. Wenn das Verhältnis am Boden geklärt ist, wird das Pferd auch unter dem Sattel willig und an feinen Hilfen mit seinem Reiter kooperieren, sofern dieser es nicht ungerecht behandelt.

Ausblick: Pferde-/Reiterschulung, Korrektur, Therapie

Die Pferdisch Bodenarbeit ist keine Beschäftigungsform mit Pferden, die für sich steht; eine Beschäftigungsform, die reiner Selbstzweck ist; die etwas für Menschen ist, die nicht reiten wollen oder es nicht können.

Die Bodenarbeit nach dem Pferdisch Prinzip ist die Grundlage für die komplette Pferdeschulung:

- Herstellen und Erhalten des Respekt- und Vertrauensverhältnisses zwischen Mensch und Pferd
- Balancierung des Pferdes und seine Gymnastizierung
- Ausbildung des Pferdes für seine Nutzung als Reit- oder Fahrpferd
- Gewaltfreie und effektive Korrektur von so genannten Problempferden
- Ausbildung von Reitern speziell bei Sitzschulung, Schenkel- und Zügelhilfen, Tempokontrolle und Anhalten
- Förderung von Kindern im therapeutischen oder pädagogischen Kontext und zur Angstbewältigung
- Freude von Pferd und Mensch; bei einem gemeinsamen Spaziergang kann ein partnerschaftliches Verhältnis zwischen Mensch und Tier entstehen, das bei der reinen Trainingsarbeit kaum zum Tragen kommt.

Was unterscheidet die Pferdisch Bodenarbeit vom herkömmlichen Longieren und anderen etablierten Methoden?

Bei der Bodenarbeit nach dem Pferdisch Prinzip entsteht kein andauernder Zug oder Druck am Seil (Longe). Die Peitsche wird nicht zum Touchieren des Pferdes genutzt. Es werden keine Hilfszügel oder andere Ausrüstungsgegenstände verwendet, die das Pferd in eine bestimmte Haltung zwingen. Bei Pferdisch werden die Pferde nicht durch unkalkulierbare Einwirkungen in einem dauernden Angstzustand gehalten. Pferdisch arbeitet auch nicht mit Pferden, die durch Leckerli immer wieder in eine ranghohe Position gebracht werden und deren daraufhin zwangsläufig respektloses Verhalten dann sanktioniert werden muss. Pferdisch verzichtet auf jede Art von Ausrüstungsgegenständen, die dem Pferd Schmerzen zufügen oder Angst einflößen.

Pferdisch bringt das Pferd in eine freie und schwingende Selbsthaltung, die nicht durch Einengung oder andauernden Druck und Zug behindert wird. Pferdisch benutzt passende Ausrüstungsgegenstände, die für das Pferd angenehm und gesund erhaltend sind. Pferdisch arbeitet über feine Impulse und insbesondere über Körpersprache.
Pferdisch hinterfragt ehrlich alle Techniken und Handlungsweisen insbesondere auch aus der Sicht des Pferdes. Pferdisch ordnet sich dabei nicht irgendwelchen Gegebenheiten oder Gepflogenheiten unter.

Ein Profilieren auf Kosten des Pferdes kommt ebenso wenig vor, wie ein Abwerten der Kreatur zu Material oder ähnlichen Bezeichnungen. Gegenseitige Achtung und Vertrauen kennzeichnen den Umgang. Gewalt und Druck werden durch Wissen und solide Handlungskompetenz ersetzt.

Pferdisch arbeitet partnerschaftlich und in Kooperation mit anderen Pferdemenschen, gegenseitige Unterstützung ersetzt Besserwissen und Bevormundung. Der Lohn ist ein zufriedenes und ausgeglichenes Pferd, das gesund und leistungswillig ein angenehmer Partner ist.

Spannung entsteht durch Einengung und Druck.

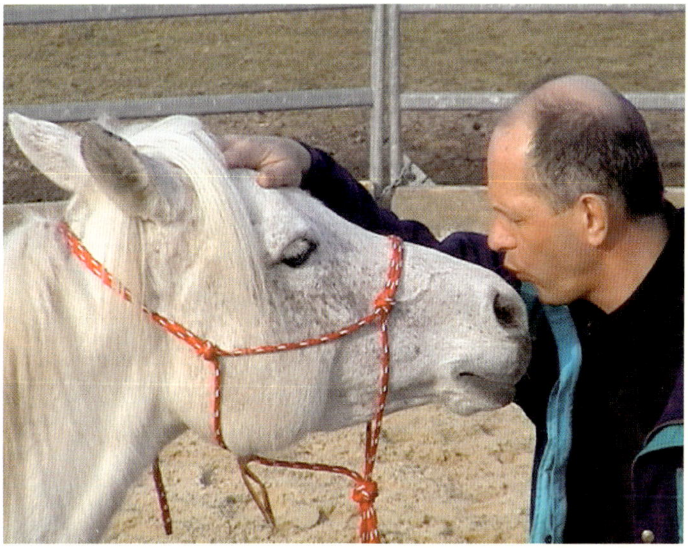

Kommunikation in der Pferdesprache lässt Harmonie entstehen.

Das erforderliche Handwerkzeug und die baulichen Einrichtungen

Wenn wir am Boden oder vom Boden aus mit unseren Pferden arbeiten, benutzen wir einen speziellen Führstrick, mit dem wir entsprechend einwirken können. Er hat eine Länge von 2,80 Metern, ist relativ dick und schwer und hat einen schweren Haken. An seinem Ende gibt es eine Lederlasche, die bei Aufeinanderschlagen der Enden klatscht.

Schwerer Haken am Führseil

Lederlasche

Des Weiteren arbeiten wir mit einem in seinen Abmessungen und Proportionen eigens für uns hergestellten Knotenhalfter und einem 3,70 Meter langen Arbeitsseil in der Qualität, wie bereits beschrieben. Die Knotenhalfter gibt es in drei verschiedenen Größen, um sie den jeweiligen Pferden optimal anpassen zu können.

Zum Anlegen des Knotenhalfters erfasse ich mit Daumen und Zeigefinger der linken Hand sowohl die Befestigungsschlaufe als auch das Ende zur Befestigung des Knotenhalfters. Ich führe meine linke Hand unter dem Hals des Pferdes auf die rechte Seite und umfasse, wie beim Anlegen des Stallhalfters, das in Kapitel 3 beschrieben wird, mit dem rechten Arm den Hals des Pferdes. Dort nehme ich das Ende zur Befestigung des Knotenhalfters mit meiner rechten Hand an und lasse das gesamte Knotenhalfter daran herunterhängen,

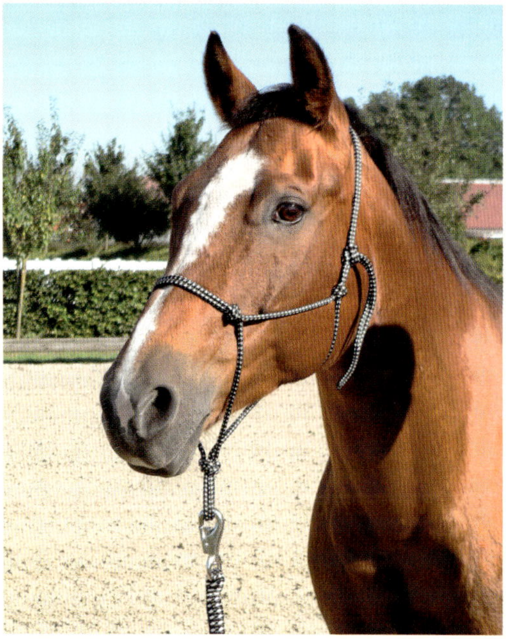

Knotenhalfter

Knoten

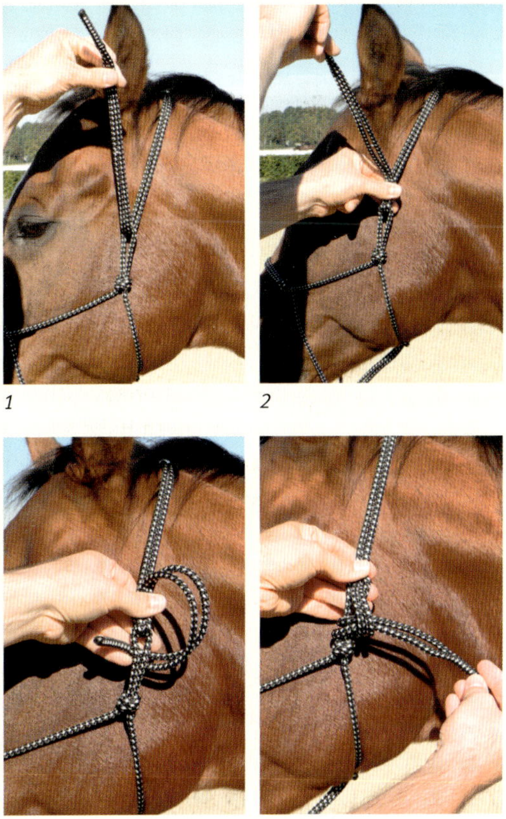

1 2 3 4

Die Ausrüstung für die Bodenarbeit

während ich die linke Hand mit der Befestigungsschlaufe anhebe. Dadurch entsteht ein Oval (doppelter Nasenriemen), das ich über die Nüstern streifen kann. Die oberen 2/3 der Nasenlinie bestehen aus Schädelknochen. Das untere Drittel bis zu den Nüstern aus Knorpel. Das Knotenhalfter wird nun so hoch geknüpft, dass es auf dem knöchernen Teil aufliegt. Das kann ich daran erkennen, dass die beiden Knoten auf dem Nasenrücken 1 bis 1,5 cm unterhalb des Jochbeins platziert werden. Nun führe ich das von der rechten Halsseite kommende Ende von innen nach außen durch die auf der linken Kopfseite liegende Befestigungsschlaufe. Ich klappe das Ende nach oben. Ich justiere das Knotenhalfter mittig. Daumen und Zeigefinger der linken Hand fixieren die Lasche. Unter meinen Fingern, also auf der Schlaufe, verknote ich nun das Ende so, dass es danach in Schweifrichtung zeigt. Danach ziehe ich den Knoten von allen drei Seiten fest, damit das Knotenhalfter sich nicht wieder lockert. Insbesondere bei neuen Knotenhalftern und wenn der Knoten nicht richtig festgezogen ist, wird das Knotenhalfter immer größer und rutscht auf den unteren Knorpelteil des Nasenrückens. Dann muss ich den Knoten wieder lösen und kürzer verknoten.

Unsere Körpersprache unterstützen wir mit einer leichten kurzen Fahrpeitsche aus Manilaholz, mit der wir das Pferd jedoch nicht touchieren.

Die Peitsche unterstreicht insbesondere auch auf Distanz zum Pferd unsere Körpersprache. Sie dient dazu, dem Pferd einen deutlichen Rahmen zu setzen, also den Spielraum für die Bewegung des Pferdes klar zu begrenzen. In der Freiarbeit, d.h. ohne Arbeitsseil, kommt der Peitsche dabei eine richtungsweisende Bedeutung zu.

Für den Umgang mit dem Pferd im Stall und beim Führen nutzen wir ein stabiles Stallhalfter.

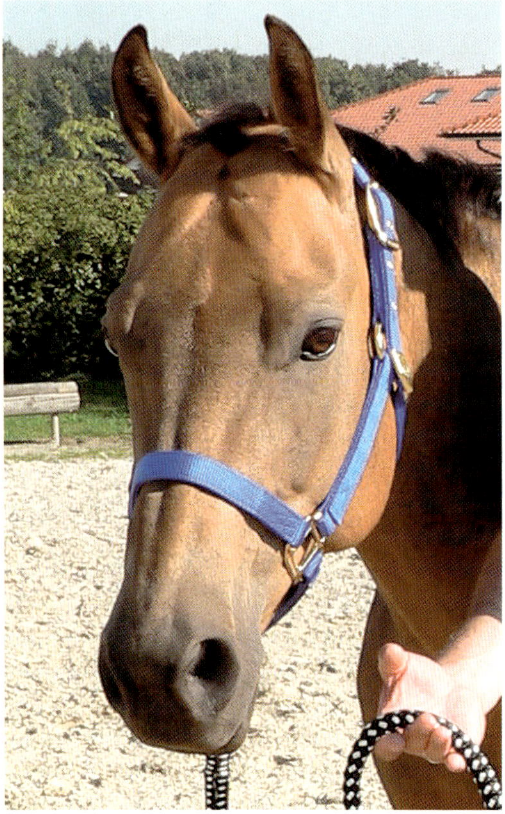

Stallhalfter

Unsere Stallhalfter sind von schwerer und haltbarer Qualität und lassen sich im Genick mit einer Schnalle öffnen und schließen, so dass sie nicht immer wieder über die Ohren der Pferde gestreift werden müssen. Damit ist ein kontrolliertes und sicheres Aufhalftern möglich.

Wir arbeiten mit den Pferden in unterschiedlichen Roundpens von 12 und 20 Metern Durchmesser, in einer Bewegungshalle von 20 x 25 Metern oder frei auf Reitplatz oder Wiese (siehe Kapitel 3).

Was verstehen wir unter Körpersprache?

Körpersprache ist jeglicher Ausdruck unserer Haltung, der Gliedmaßen, der Mimik und Gestik, den wir bewusst – willkürlich – oder unbewusst – aus einer inneren Haltung heraus – nach außen bringen. Es ist uns nicht möglich, *nicht* zu kommunizieren. Unser Körper drückt immer etwas aus und sei es unsere mangelnde Anteilnahme oder unser Desinteresse. Im Umgang mit Pferden geht es aber darum, ganz bewusst und ganz gewollt so deutlich und klar wie möglich zu kommunizieren. Das hat etwas mit Ehrlichkeit zu tun. Nicht etwa Ehrlichkeit im moralischen oder rechtlichen Sinne. Gemeint ist die Ehrlichkeit, dass wir zu unseren Gefühlen, unseren Motiven und unseren Absichten stehen, die wir verspüren und in uns tragen. Es hat mit Authentizität zu tun. Ich muss das nach

Arbeit im Roundpen

Körpersprache: Das Pferd weichen lassen.

außen bringen, was in mir drin ist, ohne eine vorherige Bewertung, ob es nun gut ist, oder nicht. Ich muss dem Pferd quasi vorleben, was ich von ihm möchte, und es wird mir folgen, mich imitieren, mit mir spielen, tanzen.

Meine Fußfolge, die Stellung meiner Hüften und Schultern, meine Blickrichtung, eine Rumpfbeuge oder ein Zurücklehnen, die Schrittfrequenz, eine Beschleunigung oder ein Verlangsamen und vieles mehr. Unsere Ausdrucksmöglichkeit ist unerschöpflich. Die Pferde können sie lesen, sie müssen das nicht erst erlernen. Sie spüren unsere Absicht, unsere Intention hinter der Ausdrucksform. Sind beide stimmig, also kongruent, gewinnen sie bald Respekt vor und Vertrauen zu uns.

Benutzen wir die Ausdrucksform dagegen als Fassade, um das Pferd zu beeindrucken oder zu täuschen, verlieren wir alsbald sein Vertrauen und es wird sich von uns abwenden, wenn es kann.

Die bewusste Anwendung unserer Körpersprache macht uns Menschen stark und klar. Wir werden uns unserer selbst wieder mehr bewusst, weil wir ganz bewusst das nach außen bringen, was wir denken – fühlen – wollen. Das macht uns SELBSTBEWUSST. Der Umgang mit Pferden nach Pferdisch bringt uns weiter, in jeder Hinsicht.

Körpersprache: Das Pferd folgen lassen.

Was kann ich mit der Bodenarbeit nach dem Pferdisch Prinzip erreichen?

Wenn ich mit Pferden am Boden arbeite, kann ich jederzeit den Erfolg meiner Arbeit sehen, da ich neben, hinter oder gegenüber meinem Pferd stehe oder gehe. Es bedarf keiner begnadeten Fähigkeiten, um sein Pferd so am Boden schulen oder korrigieren zu können.

Wollte ich das Gleiche vom Sattel aus machen, so ist das einigen wenigen guten Reitern durchaus auch möglich. Alles das, was wir vom Boden aus sehen können, müssen wir vom Sattel aus sicher erfühlen können. Dazu bedarf es nicht nur einer sehr guten eigenen Körperreflexion, sondern eines enormen Erfahrungsschatzes mit vielen unterschiedlichen Pferden. Die Möglichkeit, diese Erfahrungen zu sammeln, hat der Freizeitreiter gewöhnlich nicht.

Die Arbeit am Boden dagegen kann jeder erlernen. Wir vermitteln den gesamten Bereich von der Herstellung eines Respekts- und Vertrauensverhältnisses über die physische und mentale Balance des Pferdes bis hin zur Schulung und Gymnastizierung des Pferdes am Boden in drei Wochenendseminaren. Es bedarf keiner physischen Kraft. Arbeitet der Mensch unter Verzicht auf Gewalt und Zwang, kann er nichts falsch machen, das Pferd nicht verderben. Im schlimmsten Falle kommt es beim Pferd nicht zu der Reaktion, die der Mensch mit seiner Aktion beabsichtigt hat. Solange das Pferd die Möglichkeit hat, sich für oder gegen eine Mitarbeit frei zu entscheiden, bleibt es bei einer Kommunikation, in der beide lernen können.

Reagiert das Pferd nicht so, wie wir es uns durch unsere Aktion erhofft hatten, ist das kein Malheur. Dann waren wir nicht eindeutig, haben etwas anderes durch Körpersprache ausgedrückt als beabsichtigt oder das Pferd hat uns nicht zugehört.

Wir versuchen es noch einmal. Das ist schließlich Lernen: Versuch und Irrtum.

Den gesamten Komplex der mentalen Balance, nämlich Respekt und Vertrauen in einem ausgewogenen Verhältnis, kann der Freizeitreiter oder Profi vom Boden aus überprüfen, herstellen, notfalls korrigieren und dauerhaft erhalten. Ohne Kraft und Risiko.

Die Balancierung des Pferdes auf zwei Spuren (physische Balance), die die absolute Voraussetzung für ein Reiten am seidenen Faden ist, kann der geschulte Mensch ebenso selber durchführen, wie die komplette Gymnastizierung des Reit- und/ oder Fahrpferdes.

Wer ist in der Lage, sein Pferd schonend und effektiv zu gymnastizieren, wenn er im Sattel sitzt? Wer kann sein Pferd auf beiden Händen gleich gut trainieren, ohne eine Schokoladenseite zu riskieren? Wer spürt im Ansatz, wenn sich das Pferd ihm entzieht, respektlos ist oder Angst hat?

Am Boden gibt es sichere Anhaltspunkte für diese Befindlichkeiten. Außerdem ist die Arbeit vom Boden aus ungefährlich, sie macht Spaß und fördert das Pferd, selbst wenn einmal weniger Zeit aufgewendet werden kann. Außerdem wird das partnerschaftliche Verhältnis zwischen Mensch und Pferd nachhaltig gefördert.

Der Rahmen und seine Funktion für das Miteinander

Es ist von ganz entscheidender Bedeutung, dass der Mensch dem Pferd Grenzen setzt, die das Pferd auf keinen Fall überschreiten darf. Diese Grenzen haben wir von den Pferden abgeschaut, die noch im natürlichen Herdenverband leben können. Diese Tiere regeln mit diesen natürlichen Grenzen ihr Sozialverhalten untereinander. Pferde leben streng hierarchisch, wobei eine hohe Position in der Rangfolge auch mit viel Verantwortung und vielen Aufgaben verbunden ist. Rangniedere Tiere dagegen können fressen, saufen und ausruhen, ohne groß in Anspruch genommen zu werden. Dieser Komplex ist tief gehend in unserem ersten Buch[2] dargestellt.

Genauso darf der Mensch aber gewisse Grenzen nicht antasten, will er den Respekt und das Vertrauen seines Pferdes nicht einbüßen.

Was macht eine Autorität aus?

Die Autorität ist ein ganz wesentlicher Aspekt im Umgang mit Menschen und Pferden. Wenn wir uns an unsere Schulzeit erinnern, dann gab es Lehrer, die betraten den Klassenraum und sofort war die ganze Klasse still. Bei anderen Lehrern dagegen gingen die Schüler weiter über Tische und Bänke.

Was macht diese gesunde Autorität aus? Sicherlich die nach außen getragene Gewissheit, das zu tun, was sie sagt und das zu sagen, was sie denkt. Die Ernsthaftigkeit, das Setzen von klaren und unverrückbaren Grenzen, die Übernahme von Verantwortung und die grundsätzlich wohlwollende und liebevolle Zuwendung zeichnen eine Autorität aus. Dieser Aspekt ist ausführlich in unserem ersten Buch beschrieben.

Wodurch werde ich zu einer Autorität?

Zunächst einmal dadurch, dass ich mir selber klar werde, was ich will, was meine Absicht ist, und wer ich bin oder sein will. Das muss ich konsequent leben und nach außen tragen. Wenn ich die feste Überzeugung habe, dass ich okay bin, wie ich bin,

2 *Siehe Anhang*

und dass jeder andere auch okay ist, wie er ist, dann bin ich eine Autorität und werde auch als eine solche angenommen und akzeptiert. Wir glauben, dass dies ein lebenslanger Prozess von Persönlichkeitsentwicklung und Erwachsenwerden bedeutet. Die Pferde können uns dabei helfen.

Wie sieht die Körpersprache einer Autorität aus?

Diese Frage kann der Leser sich an dieser Stelle bestimmt schon selber beantworten: Sie ist zielgerichtet, klar, unmissverständlich und mit Nachdruck, mit Kraft, Vitalität und ohne jegliche Selbstzweifel. Die Samen für eine selbstbewusste Persönlichkeit mit positiver Ausstrahlung werden bereits in der Kindheit gelegt. Pferdisch hat die Absicht, mit Hilfe der Pferde Menschen in ihre Kraft, in ihre Mitte zu bringen, damit sie diese Eigenschaften entwickeln und ein selbst bestimmtes Leben führen können.

Welche Fehler sind möglich? – »Fehler« – es fehlt noch etwas

Fehlen kann in diesem Stadium in einzelnen Situationen das Wissen, welches Verhalten des Pferdes und auch des Menschen unangemessen ist. Das bedeutet, ich muss Erfahrungen sammeln, meine Körpersprache fühlen, mir bewusst machen. Das geschieht dadurch, dass ich das Pferd in seinen Reaktionen auf mich »lesen« lerne. Das müssen wir lernen. Schritt für Schritt, wie die Vokabeln einer Sprache, der Pferdesprache »Pferdisch«. Die können wir von den Pferden lernen. So ist Pferdisch entstanden. Wir haben die Pferdesprache vermittelbar und erlernbar gemacht. In Seminaren und Individualtrainings kann jeder diese Sprache erlernen.

Ich kann eigentlich nicht wirklich etwas falsch machen.

Wenn ich zulasse, dass mein Pferd sich mir gegenüber unangemessen verhält, hat mein Pferd sinnbildlich meinen kleinen Finger genommen. Es wird bald darauf versuchen, die ganze Hand zu bekommen. Um eine Eskalation zu vermeiden, muss ich lernen, möglichst frühzeitig Respektlosigkeiten des Pferdes als solche zu erkennen und so schnell wie möglich zu intervenieren. In Zukunft sollte ich dann solche Verhaltensweisen gar nicht erst entstehen lassen.

Auch wenn ich bereits eine langjährige Beziehung mit meinem Pferd habe, ist es möglich, von jetzt an ein neues respekt- und vertrauensvolles Verhältnis zu etablieren. Die Regeln müssen klar definiert werden und jeden Tag gleich sein. Wir selber haben bei unseren ersten Pferden vieles »falsch« gemacht. Als wir das bemerkt und unser Verhalten geändert haben, haben die Pferde umgeschaltet und waren wie ausgewechselt. Sie gucken manchmal, als wenn sie sagen wollten: »Jetzt haben sie es endlich kapiert!«

Pferde sind nicht nachtragend, so wie wir Menschen. Sie reagieren auf uns, sie spiegeln uns, und wir können durch sie lernen, da sie uns immer zeigen, was gerade mit uns los ist. Voraussetzung dafür ist ein artgerechtes Leben, in dem das Pferd seine natureigensten Bedürfnisse mit Artgenossen ausleben kann, sowie eine adäquate Fütterung und Versorgung.

2. Respekt und Vertrauen

Kilate II

Die Beziehung zwischen Mensch und Pferd kann nur harmonisch sein, wenn beide gegenseitigen Respekt und gegenseitiges Vertrauen haben. Pferde und Menschen kommen nicht mit diesen Eigenschaften auf die Welt. Wir müssen uns in einer Pferd-Mensch-Beziehung Respekt und Vertrauen verdienen.

Die Bedeutung von Respekt und Vertrauen für ein harmonisches Miteinander

Wenn ich mit meinem Pferd partnerschaftlich umgehen will, dann muss ich dafür sorgen, dass zwischen uns keine Spannungen auftreten. Spannungen resultieren aus Anspannung, man kann diese Anspannung auch als Vorspannung bezeichnen. Und diese Vorspannung neigt dazu, sich bei nächst bester Gelegenheit zu entladen.

Das Pferd geht willig und ohne Druck mit nach unten, wenn das Respekts- und Vertrauensverhältnis geklärt ist.

Ich möchte einmal schildern, wie es aussieht, wenn mein Pferd mir vertraut, mich aber auch bedingungslos achtet und respektiert:

- Das Pferd weicht auf geringste Körpersignale sofort in alle Richtungen.
- Mit feinwnsten Signalen kann ich mir jederzeit seine Aufmerksamkeit holen.
- Das Pferd wartet auf meine Signale, um kooperativ und vorausschauend mitarbeiten zu können.
- Das Pferd ist mental und physisch absolut entspannt, der Stresspegel ist auf null und kommt bei Störungen sofort wieder nach unten.
- Die Rückenmuskulatur, die Schweifrübe sind locker und entspannt.
- Der Atem ist ruhig, die Augen blicken friedlich und entspannt, regelrecht freundlich.
- Die Muskelgruppen rund um die Maulspalte sind locker, so dass sich keine Falten bilden, die Unterlippe hängt entspannt, so dass sie mindestens so lang ist, wie die Oberlippe, wenn nicht sogar länger.
- Das Pferd nimmt an meinen Bewegungen Anteil.
- Grundsätzlich überträgt das Pferd diese Verhaltensweisen zunächst auf jeden anderen Menschen, der ihm begegnet, bis dieser sich eventuell als »rangniedriger« erweist.
- Lege ich meinen Arm ohne Druck in seinen Nacken, geht das Pferd mit mir zusammen bis zum Boden und bleibt mit mir dort, solange ich es möchte (Foto s.o.).
- Unter dem Sattel kann ich dieses Pferd am seidenen Faden reiten, völlig ohne Kraftaufwand, es wird allen Signalen folgen, solange es sie gelernt hat, sie in dem Moment versteht und nicht etwa durch Umgebungsreize abgelenkt ist (was wir am Ohrenspiel erkennen können).

Auswirkungen von Respektlosigkeit oder Angst beim Pferd

Nehmen wir einmal an, mein Pferd vertraut mir nicht. Dann wird es in unklaren Situationen unsicher sein, wird für sich sorgen. Das kann bedeuten, dass es sich für die Flucht entscheidet. Es wird sich der Situation – somit mir – zu entziehen suchen. Die Anspannung entlädt sich, indem das Pferd versucht, sich loszureißen und wegzulaufen. Je mehr ich dagegenhalte, umso mehr wird das Pferd ziehen und garantiert gegen mich gewinnen. Resultat ist, dass das Pferd einerseits für sich gesorgt hat, und andererseits festgestellt (gelernt) hat, dass es stärker ist, als ich. In der nächsten entsprechenden Situation wird das Pferd mit noch mehr Nachdruck seine Interessen durchsetzen.

Nehmen wir andererseits an, dass mein Pferd mich nicht respektiert, so wird es grundsätzlich das tun, was es selber gerade möchte. Es wird weder tun, was ich von ihm fordere, noch wird es die Grenzen akzeptieren, die ich ihm setze. Vielmehr wird es notfalls »durch mich durch gehen«, um seine eigenen Interessen durchzusetzen. Das Pferd wird mir nur so viel geben, wie es mag. Die Leistung des Pferdes z.B. auch unter dem Sattel ist nicht konstant. Ich muss jede Bewegung des Pferdes und Lektion durch eigene Motivation und Kraft erreichen. Diese Form des Reitens ist sehr anstrengend, unkontrolliert und unerfreulich für beide Seiten. Es kommt zu vielen Konflikten und Kämpfen.

Wir sehen, dass die Symptome von mangelndem Vertrauen und Respekt ähnlich sein können. In beiden Fällen habe ich weder die Kontrolle über das Geschehen, noch kann ich mit meinem Pferd auch nur annähernd harmonisch und mit feinen Signalen umgehen. Es bleibt nach solchen Erfahrungen ein Gefühl der Ohnmacht und Unsicherheit zurück. Außerdem habe ich vielleicht das Gefühl, dass ich mich vor anderen Menschen blamiere. Ich weiß nie, was mich erwartet.

Ich werde nach Möglichkeiten suchen, die verhindern, dass mir das erneut passiert. Dieser Weg ist normalerweise von Druck, Zwang, Gewalt und Gegendruck, Gegenzug, Gegengewalt geprägt. Was Gewalt ist, entscheidet dabei nicht der Mensch und auch nicht Regelwerke diverser Verbände, sondern das Pferd. Meistens eskaliert ein solcher Umgang dann bald, so dass das Pferd in seinem Willen gebrochen wird oder die Oberhand gewinnt. Der Reiter oder der Besitzer bekommen Angst vor dem Pferd und verkaufen es oder bringen es zur Korrektur zu einem stärkeren Reiter/Trainer.

Dort macht das Pferd die Erfahrung, dass es noch viel mehr Druck, Zwang, Schmerz, andere Ausrüstungsgegenstände und Reitertricks gibt, als es bisher wusste. Später zurück bei seinem alten Besitzer/Reiter kann es die ganze neu erlernte Palette gegen ihn ausnutzen. Das geschilderte Beispiel ist ganz sicher kein Einzelfall, sondern tägliche Praxis in vielen Reitställen. Bei objektiver Betrachtung kann sich jeder denken, dass der beschrittene Weg gar nicht funktionieren kann.

Es gibt einen anderen Weg, der zu dauerhaftem Erfolg führt: Selber lernen, Respekt und Vertrauen herzustellen und zu erhalten.

Die größte Schwierigkeit dabei ist, die Symptome von Respekt und Vertrauen hinsichtlich ihrer Ursache sicher zu unterscheiden. Es wird jedem einleuchten, dass es fatal ist, wenn Angst oder mangelndes Vertrauen des Pferdes in seinen Menschen für Respektlosigkeit gehalten wird. Jede Korrekturmaßnahme wird dann das Problem nur noch verschlimmern können.

Andererseits wird eine Respektlosigkeit des Pferdes kaum beseitigt werden können, wenn ich sie als Angst oder Vertrauensproblem diagnostiziere.

Genau das passiert jeden Tag. Viele Fernsehberichte zeigen, dass die meisten Trainer, auch renommierte, populäre Pferdetrainer meistens von mangelndem Vertrauen des Pferdes ausgehen. Das ist der Grund, warum die dann eingeleiteten Maßnahmen spätestens dann versagen, wenn das Pferd wieder in seiner alten Umgebung mit den gewohnten Menschen zuhause ist.

Wir selber haben erst gelernt, Respekt- und Angstprobleme sicher zu unterscheiden, als wir mit quasi von Menschenhand unberührten Pferden in Argentinien gearbeitet haben. Wir haben die jeweiligen Symptome der Pferde studiert, haben schließlich Gemeinsamkeiten festgestellt und können heute einige sichere Regeln aufstellen, die als Anhaltspunkte dienen können.

Das ängstliche Pferd, das sich in meiner Gegenwart nicht sicher fühlt, mir nicht vertraut, hat eine eingezogene, feste Schweifrübe. Achtung: Das kann aber auch daran liegen, dass das Pferd friert! Außerdem hat es eine brettharte, weil dauerhaft angespannte Rückenmuskulatur. Es wird den Kopf sehr hoch tragen und ist vorgespannt für die Flucht. Unter Umständen schwitzt es an Hals, Brust und/oder Hinterhand. Die Nüstern sind gebläht, die Augen weit offen, der Atem ist hörbar. Bei Annäherung des Menschen oder bei unerwarteten schnellen Bewegungen weicht das Pferd vorausahnend in alle Richtungen und neigt zu Überreaktionen. Häufig setzt das Pferd breiigen Kot ab. Hat das Pferd kein Vertrauen zu mir, wird es mir kaum folgen. Insbesondere wenn es frei ist, wenn ich kein Führseil in der Hand halte, wird es sich lieber abwenden und seinen Weg gehen.

Es sind natürlich nicht immer alle Symptome vorhanden, typisch sind die Muskelvorspannung im Rücken, die eingezogene Schweifrübe und die weit geöffneten Augen und Nüstern.

Das respektlose Pferd ist penetrant. Es bleibt nicht hinter mir zurück, es weicht nicht vor mir, rempelt mich vielmehr an und zieht mich rück-

Ein ängstliches Pferd zeigt hohe Anspannung.

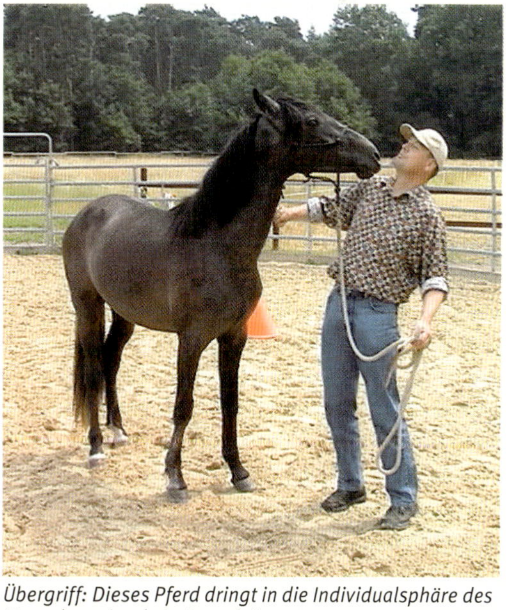

Übergriff: Dieses Pferd dringt in die Individualsphäre des Menschen ein – kein Respekt!

Das Pferd wendet sich bewusst ab, in diesem Fall aus mangelndem Respekt.

Ein Pferd, das unter dem Reiter ein anderes Pferd angreift, zollt dem Reiter keinen Respekt.

Dieses Pferd zeigt, wie es zu uns steht – respektlos.

sichtslos durch die Gegend. Es scheuert sich an mir und berührt mich mit der Nase oder seiner Schulter, in extremen Fällen beißt oder schlägt es. Es blickt selten in meine Richtung, vielmehr schaut es oft einfach von mir weg, z.B. nach außen. Auch wendet es urplötzlich den Kopf in meine Richtung, ohne zu berücksichtigen, dass mein Kopf im Weg ist. Es rennt mir weg oder bleibt dickfellig stehen und lässt sich treiben wie »ein kranker Gaul«. Beim Putzen und Satteln bleibt es unangebunden nicht stehen, beim Schmied oder Tierarzt hampelt es herum und unter dem Sattel macht es nur, was es will bzw. was ihm leicht fällt. Keinesfalls wird dieses Pferd es dulden, dass ich meinen Arm über seinen Nacken lege, und mit sanftem Druck mit ihm nach unten in Richtung Boden gehe, vielmehr wird es vehement dagegen angehen. Dieses Pferd wird es nicht dulden, dass ich ihm meinen Atem in seine Nüstern blase. Auch hier liegen selten alle Symptome gleichzeitig vor, typisch ist, dass das Pferd nicht weichen will.

Dieses Konstrukt wird dadurch noch komplizierter, dass ein respektloses Pferd naturgemäß auch nicht viel Vertrauen zu dem rangniederen Menschen hat. In kritischen Situationen wird dieses Pferd für sich sorgen, koste es, was es wolle. In unserem ersten Buch[1] haben wir bereits dargelegt, dass das Pferd keineswegs das reine Fluchttier ist, wie das in vielen Büchern immer behauptet wird. Vielmehr entscheidet es sehr wohl in jeder Situation, ob es eine Chance gegen den Aggressor hat oder nicht. Im Zweifelsfall wird es sich spontan für die Flucht entscheiden. Im Umgang mit dem Menschen wird das Pferd also entscheiden, ob es sich uns entzieht, oder ob es seine Energie gegen uns richtet. Der Leidtragende ist dann der Mensch, oftmals mit schlimmen Folgen.

1 *Siehe Anhang*

Wir müssen uns immer wieder verdeutlichen:

Vertrauen entsteht allmählich durch immer wieder gute Erfahrungen.

Respekt entsteht durch das Setzen und Durchsetzen von Grenzen, und zwar absolut konsequent.

Und es ist unverzichtbar, dass Respekt und Vertrauen gegenseitig gegeben sind. Wenn der Mensch dem Pferd nicht vertraut, dann spürt das Pferd dieses sofort und wird ihm auch nicht vertrauen können. Wenn der Mensch das Pferd in seinen Bedürfnissen nicht respektiert, sondern es nur für seine Ziele benutzen, vielleicht sogar missbrauchen will, dann merkt das Pferd dieses natürlich auch. Wir können nicht erwarten, dass uns das Tier dann mit Hingabe folgt.

Es ist typisch für uns Menschen, dass wir die Ursachen für Verhaltensauffälligkeiten meistens im Außen suchen, oder maximal bei uns selbst. Wir finden immer eine Erklärung oder eine Entschuldigung für das unangemessene Verhalten unseres Pferdes. Wenn wir es nur oft genug wiederholen, dann glauben wir es zuletzt selber.

Hier sei nochmals gesagt: Es gibt nicht »ein bisschen Respekt« oder »ein bisschen Vertrauen«. Das ist alles Selbstbetrug. Wir reden uns die Situation schön.

Nach unserer Erfahrung haben die Wildpferde in Süd- oder Nordamerika, die die ersten Jahre fern vom Menschen aufwachsen, einen gehörigen Respekt vor dem Menschen. Hier sind vertrauensbildende Maßnahmen angebracht.

In unserem Kulturkreis wachsen die Pferde meistens sehr nah mit dem Menschen auf. Sie haben größtes Vertrauen, aber leider oftmals nicht den geringsten Respekt vor dem Menschen. Die meisten Verhaltensprobleme erweisen sich bei genauem Hinsehen daher als Respektprobleme. Sie entstehen durch Missverständnisse, da wir Menschen oft die Körpersprache der Pferde nicht beherrschen und ständig Signale geben, die das Pferd liest und auf die das Pferd reagiert.

Dennoch: Im Zweifelsfall gehen wir zugunsten des Pferdes von Angst oder Vertrauensproblemen aus, um es nicht ungerecht zu behandeln. Bei der Korrektur beobachten wir das Pferd jedoch genau, um nachsteuern zu können, wenn wir falsch gelegen haben.

Es gehört sehr viel Erfahrung dazu, die Ursache für Verhaltensauffälligkeiten in willkürlich geschaffenen Grenzsituationen auszutesten. Wir tun das, weil es die sicherste Diagnose zulässt. Da das für Ungeübte aber sehr gefährlich ist, wollen wir es hier nicht im Detail beschreiben.
Wir provozieren dabei eine Situation, in der sich das Pferd definitiv für Angriff oder Flucht entscheidet und damit seine wahre Absicht gegenüber dem Menschen zutage bringt. Mit Techniken, die in jahrelanger Praxis mit Problempferden entstanden sind und der Sicherheit, dass wir ranghöher sind und das unter Beweis stellen können, erreichen wir in Sekunden ein klares Respekt- und Vertrauensverhältnis, da wir dem Pferd keine Chance lassen, sich uns zu entziehen. Anschließend loben wir das Pferd und machen einen Break, also eine Pause.

Achtung: Das Pferd bekommt keine Belohnung in Form eines Leckerli!

Das wiederholen wir solange, bis Respekt und Vertrauen sicher gegeben sind. In hartnäckigen Fällen müssen wir das an mehreren Tagen wiederholen, bis es im »Langzeitgedächtnis« des Pferdes etabliert ist. Aber dann ist es jederzeit in Sekunden aufzufrischen.

Der Besitzer des Pferdes muss danach selber ein geändertes Verhalten gegenüber dem Pferd an den Tag legen. Dann bleibt das neue Verhältnis auch bei ihm bestehen. Nach unserer Erfahrung fühlt das Pferd sich in »geregelten Verhältnissen« viel wohler, als wenn immer wieder zu klären ist, wer denn nun das Sagen hat, und wer nicht. Das ist anstrengend für Mensch und Pferd und führt immer wieder zu Konflikten.

Danach muss der Pferdemensch Sorge tragen, dass sich die alten Mechanismen nicht allmählich wieder einschleichen. Es gehört viel Konzentration und Aufmerksamkeit dazu, sicher mit Pferden umzugehen. Wir müssen immer im viel zitierten *Hier und Jetzt* sein, der Zeit, in der die Pferde ausschließlich existieren.

Die Bedeutung und die praktische Umsetzung von Aktion und Reaktion sowie dem Prinzip von Weichen und Loben

Wir kommen nun zu der praktischen Umsetzung unserer Absicht, ein ausgewogenes Respekt und Vertrauensverhältnis mit unserem Partner Pferd herzustellen und zu erhalten. Die Herdenstruktur wildlebender Pferde ist ausführlich in unserem ersten Buch[2] beschrieben, wir sind auch intensiv auf die Funktionen von Leitstute und Leithengst eingegangen.

Wir Menschen müssen wechselseitig beide Rollen, nämlich die der Leitstute und des Leithengstes einnehmen und verkörpern können. Die Leitstute steht dabei für das mütterliche, nährende, vertrauensbildende Prinzip. Der Leithengst steht dagegen für das väterliche, treibende, Respekt fordernde Prinzip.

Wenn ich das Pferd weichen lasse, bewirke ich, dass es mich respektiert. Sofort nach dem Weichen mache ich eine Pause, einen Break, entspanne mich, lasse das Pferd sich auch entspannen und lobe es mit Stimme und Geste, z.B., indem ich es streichele oder sanft klopfe oder seinen Mähnenkamm massiere.

Sollte das Pferd aufgrund dessen, dass ich es weichen lassen habe, unwirsch sein, so besänftige ich es augenblicklich durch die positive Verstärkung. Damit lösche ich jeden Versuch der Opposition sofort aus und schaffe eine befriedigende emotionale Stimmung.

Was passiert, wenn das Pferd daraufhin eine Eigeninitiative entwickelt, um die Situation wieder zu bestimmen? Genau das muss ich zu verhindern wissen. Bekanntlich führt in einem Gespräch derjenige, der fragt. Der Antwortende wird geführt. Solange bei den Fragen keine Grenzen überschrit-

Leitstutenposition – vor der Schulter des Pferdes

Leithengstpostition

2 *Siehe Anhang*

ten werden, wird der Gefragte sich auch nicht unwohl dabei fühlen. Genauso muss es im Umgang mit dem Pferd sein:

Der Mensch muss unbedingt die Aktionen setzen, das Pferd muss reagieren.

Das kann gar nicht deutlich genug gesagt werden. Das ist das WICHTIGSTE überhaupt. Der Mensch muss die Aktion setzen, das Pferd die Reaktion.

Meistens ist es umgekehrt. Das Pferd agiert und der Mensch wreagiert und wundert sich dann, dass das Pferd ihn nicht respektiert.

Aktion und Reaktion
Weichen und Loben

Das sind die Prinzipien, mit denen wir das Respekt- und Vertrauensverhältnis zu den Pferden herstellen. Wenn nur ein einziger Punkt vernachlässigt wird, bricht das ganze Konzept zusammen!

Achtung: Erfahrungsgemäß besteht eine große Fehlerquelle darin, dass wir Menschen mit unseren Gedanken und unserer Konzentration nicht immer so ganz bei der Sache sind. Oftmals sind wir in Gedanken und merken viel zu spät, dass unser Pferd die Situation schon wieder zu seinem Gunsten entschieden hat. Das ist nicht tragisch. Nur dürfen wir nicht sauer werden, wenn wir nicht als Autorität akzeptiert werden, sondern unser Pferd seine eigene Sache macht. Aus der Sicht des Pferdes ist das ganz normal. In der Pferdehierarchie gibt es keine zwei ranggleichen Pferde. Pferde klären das Verhältnis solange, bis klar ist, wer der obere und wer der untere ist. Und dieses Verhalten liegt in den Genen der Pferde, warum sollten sie es also mit uns nicht austesten?

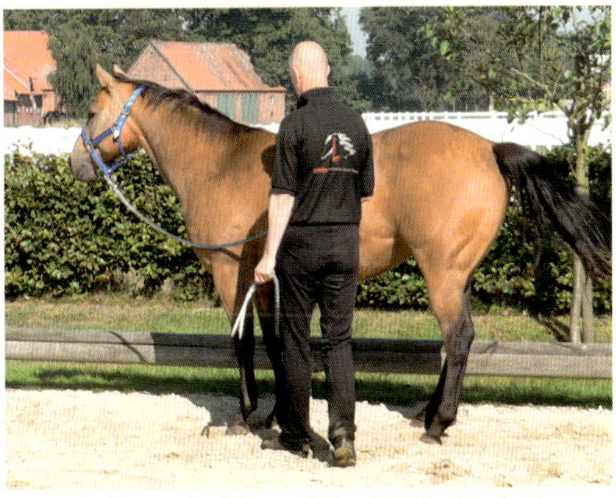

Rangniedrigste Position – hinter der Pferdeschulter

Übrigens schlagen und beißen sich in der Pferdeherde nur die untersten Tiere, die anderen kommunizieren über eine feine Körpersprache. Wenn ich Gewalt gegen ein Pferd ausübe, um mich durchzusetzen – egal ob am Boden oder unter dem Sattel – dann erweise ich mich dem Pferd gegenüber als rangniedrig. Ein rangniedriges Tier wird gegen mich kämpfen, ein ranghohes Tier wird mich nicht achten und sich mir zu entziehen versuchen oder mich abstrafen. Daher Vorsicht mit Druck und Gewalt. Wir haben es mit echten Persönlichkeiten zu tun. Pferde sind nicht nachtragend, sie leiden still, notfalls bis zum Tod. Ein Pferd verdurstet klaglos in seiner Box oder lässt sich manchmal jahrelang von seinem Besitzer peinigen, obwohl es ihn mühelos töten könnte. Pferde sind souveräne Kreaturen, wir sollten sie auch so behandeln.

Wenn ich mit **Jungpferden** arbeite, muss ich berücksichtigen, dass diese meistens von Geburt an nah beim Menschen leben. Anfangs sind sie klein und süß und werden arg betüddelt und verhätschelt. Nach einigen Monaten merken wir Menschen dann, dass die Jungtiere viel Kraft und Lebensfreude entwickeln. Und dann ist es manchmal schon zu spät für eine gründliche Erziehung von Anfang an. In so einem Fall ist es sinnvoll, die jungen Tiere von jemand anderem erziehen zu lassen, da sie mit ihm nicht die gemachten Erfahrungen

verbinden. Kommen sie dann zurück, werden sie es ohne weiteres akzeptieren, wenn jetzt die Regeln so sind, wie sie es gerade erlernt haben. Das ist der reibungsloseste Weg. Der Besitzer kann sich viel Kampf und Widersetzlichkeit ersparen.
Der beste Weg ist es jedoch, die Pferde sich untereinander im Herdenverband erziehen zu lassen.

Ängstliche Pferde müssen viel mit vertrauensbildenden Maßnahmen gearbeitet werden. Vorsicht: Oftmals schlägt die Ängstlichkeit bald in Respektlosigkeit um. Grundsätzlich sind ängstliche Tiere leichter zu trainieren und zu schulen, als respektlose Pferde, da bei Letzteren viel mehr Aktionen zu erwarten sind, die den Menschen vor Probleme stellen können.

Respektlose Pferde sind unangenehme Partner, die ständig ein enormes Maß an Energie von uns Menschen erfordern. Im Umgang mit ihnen entsteht sehr oft ein Gemisch aus Geben und Nehmen. Mensch und Pferd kungeln sich zusammen, arrangieren sich zu einem scheinbaren harmonischen Miteinander. Aber der Schein trügt. Solche Pferde galoppieren dann beispielsweise an, aber nur auf der linken Hand, sie gehen gut in der Gruppe im Gelände, aber nur, wenn sie vorne gehen dürfen und so weiter und so fort. Oftmals lügen sich die Besitzer solcher Pferde selber etwas in die Tasche, nur um vor sich und vor anderen bestehen zu können. Erfahrungsgemäß eskalieren solche Arrangements irgendwann, und es kann zu schlimmen Unfällen kommen. Kinder, denen keine Grenzen gesetzt werden, avancieren zu wahren »Terroristen«. Pferde auch!

Korrekturpferde sind in der Regel »verbildet« worden, meistens aus Unsicherheit oder Unwissenheit. Hier müssen die alten Verhaltensweisen gelöscht und zugleich neue Verhaltensweisen angelegt und konditioniert werden. Dazu gehört viel Erfahrung, Wissen und Können und vor allem absolute Konsequenz. Jeder Rückfall in alte Verhaltensweisen prägt die alten Lernmuster aufs Neue.

Auf keinen Fall sollte die Korrektur derjenige vornehmen, der die alten Strukturen angelegt hat. Wir arbeiten bei Pferdisch so, dass wir das Pferd korrigieren, während der Reiter/Besitzer die neuen Verhaltensweisen in einem von uns geführten Ablauf sicher erlernt. Danach werden beide Partner wieder zusammengeführt. Diese Vorgehensweise erreicht dauerhafte Erfolge.

Gefährliche Pferde sind ein relativer Begriff. Gemeint sind Pferde, deren Verhaltensspektrum die Erfahrungen der Menschen übersteigen, die mit ihnen umgehen (müssen). Der Mensch spürt in der Regel schon sehr genau, welches Pferd ihm überlegen ist, und welches nicht. Ob er das dann zugeben will oder zunächst erst einmal selber probieren will, das muss er selber entscheiden.
Wir möchten zu bedenken geben, dass ein Pferd immer lernt, jeden Tag und in jeder Minute. Je gravierender eine unangenehme Verhaltensweise sich dem Tier eingeprägt hat, umso schwieriger ist sie zu löschen, umso langwieriger ist die Korrektur.

Bei Pferdisch arbeiten wir niemals an Symptomen, sondern wir ergründen sorgfältig die Ursachen und stellen diese ab. Dabei ist es oftmals so, als ob wir einen Schalter umlegen würden, und die unerwünschten Verhaltensweisen sind schlagartig vorbei. Es ist sehr viel Wissen und insbesondere auch Können erforderlich, um Pferde verantwortungsbewusst ausbilden zu können. Vielen Menschen ist das offensichtlich nicht klar, daher gibt es so viele gefährliche Pferde.

Was ist mit dem Verhältnis Druck/Geduld? – Wie viel ist nötig, wie wenig ist möglich?

Hier ist das richtige Maß der Dinge angesprochen. Ich sollte keine wirkungslosen Signale geben, sollte aber auch nicht mit Kanonen auf Spatzen schießen. Das richtige Maß kann ich nur erfühlen lernen. Dazu bedarf es einer sicheren Führung in einem guten Unterricht, oder wir müssen experimentieren.

Immer sollte gelten: Im Zweifelsfall lieber etwas weniger Druck, dafür mehr Geduld, denn das Pferd hat eine längere Reaktionszeit als wir Menschen. Wenn ich ein Signal gebe, das einen Reiz auslöst, dann muss dieser Reiz an der entsprechenden Stelle ankommen. Lässt der Reiz zu früh nach, und gebe ich schon wieder einen neuen, vielleicht stärkeren Reiz ab, dann können diese Reize sich gegenseitig auslöschen und bei dem Pferd passiert gar nichts.

Der richtige Weg ist: Den Reiz, das Signal geben, und geduldig warten. Meistens kommt die entsprechende Reaktion schon nach einer gewissen Zeitspanne. Ich muss lernen, loszulassen. Die Reaktion kommt. Mit zunehmender Erfahrung des Pferdes werden die jeweiligen Nervenbahnen schneller durchlaufen und das Tier reagiert konditionierter.

Merke

Ein Pferd, das mir vertraut, folgt mir überall hin. Ein Pferd, das mich respektiert, weicht ohne Druck willig in alle Richtungen.

Respekt und Vertrauen im Gleichgewicht ermöglicht eine Begegnung von Persönlichkeiten.

3. Die Erziehung des Pferdes bei den alltäglichen Verrichtungen

Gun Smoke Jessie (»Spacki«)

Wir erwähnten bereits, dass ein ausgewogenes Respekts- und Vertrauensverhältnis täglich neu bestätigt und erhalten oder aber in Frage gestellt und zerstört werden kann. Das geschieht in der Regel nicht bei den Reit- oder Fahrlektionen, die wir als Arbeit mit dem Pferd verstehen. Vielmehr erweist es sich im täglichen Miteinander bei den immer wiederkehrenden Verrichtungen, wie es um dieses Verhältnis tatsächlich bestellt ist. Jeden Tag wieder kann ich bereits beim Betreten des Stalls oder beim Öffnen der Boxentür dieses Verhältnis zu meinem Pferd nachhaltig beeinflussen.

Wie wir wissen, ist das Pferd permanent mit seiner Konzentration im Hier und Jetzt, während wir Menschen mit unserer Aufmerksamkeit oftmals in der Vergangenheit oder erwartungsvoll in der Zukunft verweilen, während wir mit dem Pferd umgehen. In diesen Momenten erfolgen unsere Aktionen oder Reaktionen konditioniert aus unserem Gedächtnisspeicher heraus, so wie das Kuppeln und Schalten beim Autofahren. Das bedeutet, dass wir nicht konzentriert im Hier und Jetzt agieren, sondern entsprechend den in unserem Gehirn angelegten Trampelpfaden immer wieder gleich reagieren. Im letzteren Fall übernimmt das Pferd die Aktion. Wir übernehmen in dieser Partnerschaft unbeabsichtigt und unbemerkt den rangniederen Part.

Wenn ich daran nichts ändere, hat mir mein Pferd bis zum Beginn der »eigentlichen« Arbeit im Rangordnungsverhältnis sinnbildlich nicht nur den kleinen Finger, sondern manchmal schon die ganze Hand bzw. den Unterarm abgenommen. Es ist sicherlich nachvollziehbar, dass das Pferd sich nach diesem Bodengewinn auch anderen unbequemen Aktionen entziehen oder widersetzen wird.

Es gilt, frühzeitig zu Beginn der täglichen Interaktion die ranghohe Position einzufordern, indem ich mich dadurch ranghoch verhalte, dass ich die Aktion setze und nicht reagiere. Das bedeutet praktisch, dass ich zumindest so lange sehr bewusst und konzentriert die nachfolgend beschriebenen Verhaltensweisen umsetze, bis diese anstelle der alten Strukturen sicher als Trampelpfade in meinem Gehirn etabliert sind.

Pferd aus der Box holen oder in die Box hineinführen

Wenn ich die Box betrete, öffne ich zunächst die Tür so weit wie möglich. Es birgt eine Gefahr, diese nur einen Spalt weit zu öffnen. Pferde haben naturgemäß Angst oder eine Scheu vor engen Durchgängen (Klaustrophobie). Sie könnten bei einer plötzlichen Auslösung ihres Fluchtimpulses panisch durch diesen Engpass stürmen und uns dort einklemmen oder umlaufen und schwer verletzen. Außerdem erweisen wir dem Pferd unser Misstrauen, wenn wir das Pferd während unserer Verrichtungen quasi in der Box »eingesperrt« halten. Diese Energie spürt das Pferd sofort. Respekt und Vertrauen müssen gegenseitig existieren. Des Weiteren verschließen wir uns selber in einer plötzlichen Gefahrensituation den Fluchtweg.

Wichtig
Ich gehe niemals neben dem Pferd durch eine Tür oder einen Engpass, sondern immer vor dem Pferd.

Die Box oder der Offenstall ist das angestammte Areal des Pferdes, welches ich jetzt betrete. Aus Sicherheitsgründen ist es erforderlich, dass das Pferd mir dabei zugewandt ist. Ich betrete nicht die Box, wenn das Pferd mir die Hinterhand zuwendet. In dem Fall bewege ich das Pferd so, dass es sich zu mir umdreht. Das geschieht, indem ich seitlich aus dem toten Winkel hinter dem Pferd auf seinen Kopf zutrete, um mich danach klein zu machen und rückwärts auf die Türöffnung zuzugehen. Das Pferd wird sich daraufhin neugierig zu mir umdrehen, weil es wissen will, was sich in seinem toten Winkel hinter ihm abspielt. Bei einem sturen Pferd könnte ich diesen natürlichen Impuls durch eine Bewegung mit dem Arm, Seil oder einer Fahrpeitsche hinter seiner Hinterhand verstärken.

Nachdem das Pferd sich mir zuwendet, gehe ich zu ihm und stelle mich vor seiner Schulter linksseitig neben Hals und Kopf, und zwar in Tuchfühlung, wobei das Pferd und ich zur Boxentür schauen. Dabei achte ich darauf, dass das Pferd mich von sich aus auf keinen Fall berührt.

Wichtig
In einer respektablen Beziehung darf ich als Ranghöherer das Pferd jederzeit überall berühren, das Pferd mich von sich aus nie.

Ich erwarte nun, dass das Pferd ruhig und gelassen steht und abwartet, was geschieht. Dreht es seinen Kopf in meine Richtung, weise ich diesen durch einen liebevollen, aber bestimmten Schub wieder zurück. Dreht es den Kopf von mir weg, fasse ich den Kopf sanft von der Außenseite und gebe einen Impuls zu mir, bis er wieder zurückkommt. Richtet das Pferd seinen Kopf zum Boden, stampfe ich kurz und bestimmt mit meinem Fuß auf. Dadurch bewirke ich, dass das Pferd mit seinem Kopf wieder hoch kommt. Jeden Schritt vorwärts oder seitwärts richte ich wieder zurück. Jeden! Entzieht sich das Pferd rückwärts, gehe ich mit ihm rückwärts, bis es an eine Grenze stößt und setze dort meine Bemühungen fort, dem Pferd durch das Setzen von Grenzen Respekt abzufordern.

Die nächste Verrichtung ist das Anlegen des Halfters. Das mache ich erst, wenn das Pferd ruhig und gelassen neben mir steht. Wir nehmen das Führseil in die linke Hand, dann die Schnalle des geöffneten Stallhalfters und die gegenüber liegende Lasche zwischen Daumen und Zeigefinger der linken Hand. Während meine linke Hand nun unter dem Hals des Pferdes durch diese Ausrüstung auf die rechte Seite des Pferdes führt, greift mein rechter Arm über den Mähnenkamm des Pferdes ebenfalls auf die rechte Seite und nimmt

Halfter anlegen

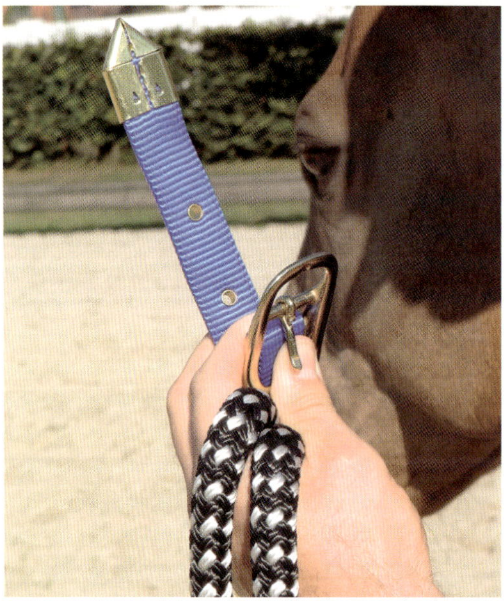

1

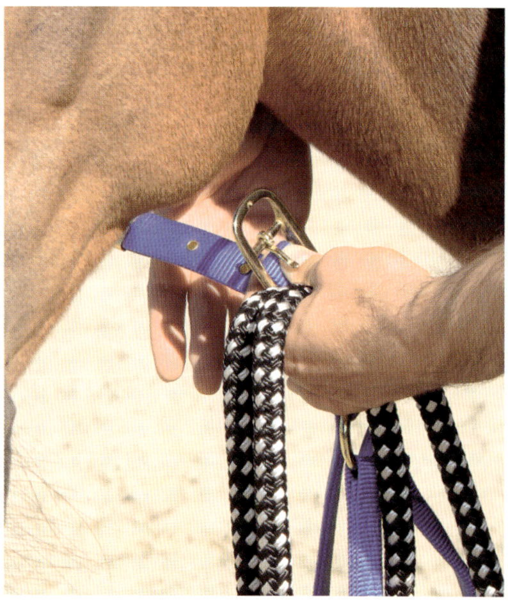

2

3

4

5

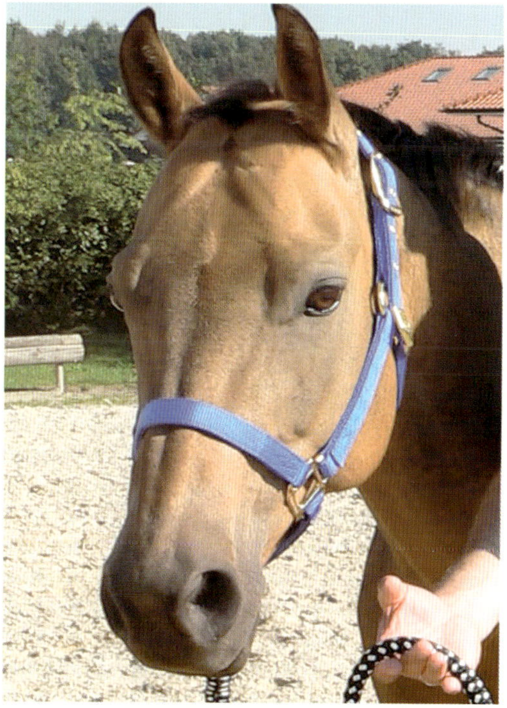

6 Stallhalfter richtig verschnallt

die überstehende Lasche aus der linken Hand. Die rechte Hand lässt die Lasche locker durchhängen. Dabei führt die linke Hand mit Seil und Schnalle des Halfters den Nasenriemen des Halfters, der dadurch die Form eines Ovals hat, über die Nüstern auf den Nasenrücken des Pferdes. Erst jetzt bringt die rechte Hand Zug auf die Lasche und dadurch das Halfter in die gewünschte Position. Es kann nun leicht im Genickbereich des Pferdes geschlossen werden. Das Halfter sollte nicht zu tief verschnallt werden, da das untere Drittel des Nasenrückens aus Knorpel (nicht Knochen) besteht und bei Zug zu Schmerzen oder Verletzungen führen kann.

Die beschriebene Vorgehensweise ist gut durchdacht und lange erprobt.
Folgende Vorteile ergeben sich daraus:

- Dadurch, dass ich die Ausrüstung immer gleich in meinen Händen vorsortiere, ergibt sich daraus ein immer gleicher Verlauf.

- Von dem Moment an, wo ich den rechten Arm über den Hals des Pferdes lege, habe ich dieses nicht nur sicher unter Kontrolle, sondern das Pferd fühlt sich durch den gegebenen Rahmen auch sicher und geborgen. Dieses Gefühl ist vergleichbar mit dem Gefühl, wenn ein Mensch einem anderen Menschen schützend seinen Arm um die Schultern und Nacken legt.

- Durch die Bildung des Ovals lege ich dem Pferd das Halfter geschmeidig an, ohne grob über Nüstern und Nasenrücken zu schubbern.

- Durch das Schließen im Nacken entfällt das lästige Überstreifen über Schopfhaar und Ohren des Pferdes.

- Außerdem kann ich das Pferd aus dieser Position sicher begleiten, wenn es sich dem Aufhalftern durch Rückwärtsgehen entziehen wollte.

- Wir geben dem Pferd einen sicheren Rahmen, den dieses zunächst respektiert, später auch vertrauensvoll schätzen lernt.

Durch die beschriebene Technik bin ich als Mensch jederzeit Herr der Lage, der die Aktionen setzt. Diese Technik hat sich über Jahre auch mit schwierigsten Pferden bewährt.

Will ich das Halfter wieder öffnen, gehe ich folgendermaßen vor: Ich halte wieder mit Daumen und Zeigefinger der linken Hand die Messingschnalle und die darunter gelegene Nylonbahn. Dann erfasse ich mit der rechten Hand die Halfterlasche, die mit der Metallecke verstärkt ist. Daran ziehe ich schräg nach unten in meine Richtung, der Dorn der Schnalle fällt leicht aus der Messingöse und das Halfter kann abgenommen werden.

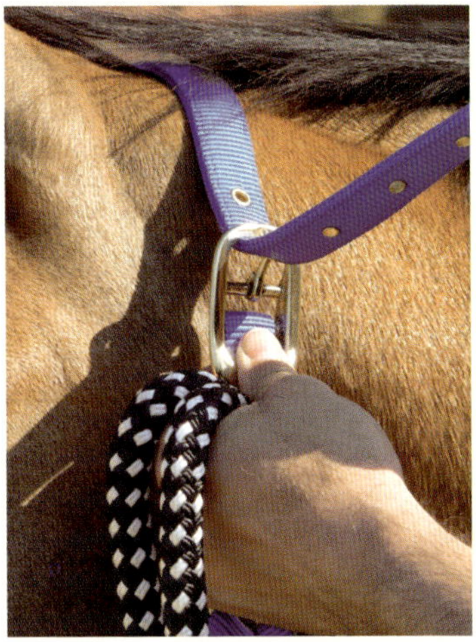

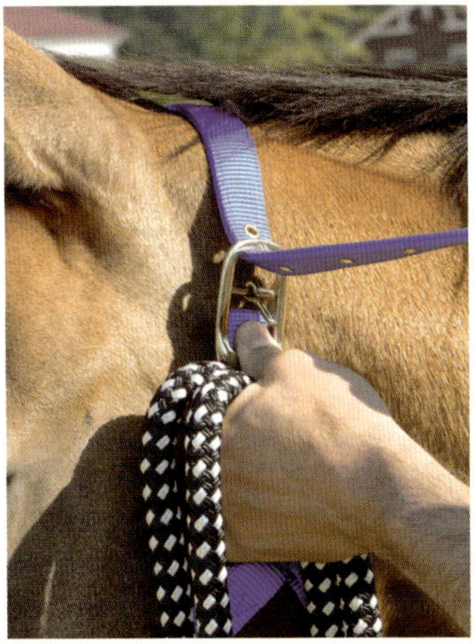

Das Öffnen des Stallhalfters

Führen des Pferdes aus der Leitstutenposition mit durchhängendem Seil.

Führen des Pferdes

Beim Führen des Pferdes geht es wieder in erster Linie darum, dass ich das Pferd aus der ranghohen Position heraus führe. Nur dann kann ich mich mit dem Pferd sicher und souverän bewegen. Am Beispiel von Stute und Fohlen können wir ablesen, in welcher körperlichen Position der jeweils Rangniedere sich aufhalten soll: nämlich hinter der Schulter. Wenn ich das Pferd führe, muss es IMMER mit seiner Schulter hinter meiner Schulter zurückbleiben. Hals und Kopf dürfen dagegen neben oder vor mir sein.

Da ich mein Pferd nicht mit Kraft, Zug oder Zwang beeinflussen möchte, sondern durch meine Körpersprache, ist es sehr wichtig, mein Führseil als imaginäre Hilfe zu betrachten. Um gar nicht in Versuchung zu geraten, daran zu ziehen, lasse ich es bei allen Verrichtungen deutlich durchhängen.

Folgt das Pferd meinen Signalen nicht, erinnere ich es mit einem kurzen Zupfimpuls daran, seine Aufmerksamkeit mir zuzuwenden, um dann mit meiner Verrichtung fortzufahren. Den Zupfimpuls können wir uns wie eine Stotterbremse vorstellen. Ich lasse das Seil durch meine Hand gleiten und bremse es impulsartig immer wieder ab, so dass kein Zug entsteht.

Wenn ich das Pferd nun führe, darf es so weit vorstreben, dass seine Schulter hinter meiner Schulter zurückbleibt. Es darf sich auch soweit zurückfallen lassen, wie die Seillänge es zulässt. Führe ich mein Pferd beispielsweise von links und das Pferd will auf meine linke Körperseite wechseln, so klopfe ich mir mit der linken Hand mit der Lasche des Führseils auf den Rücken, woraufhin das Pferd wieder nach rechts wechselt. Überholt das Pferd mich beim Führen, wende ich mit losem Führseil in eine Volte zu der Seite ab, an der ich

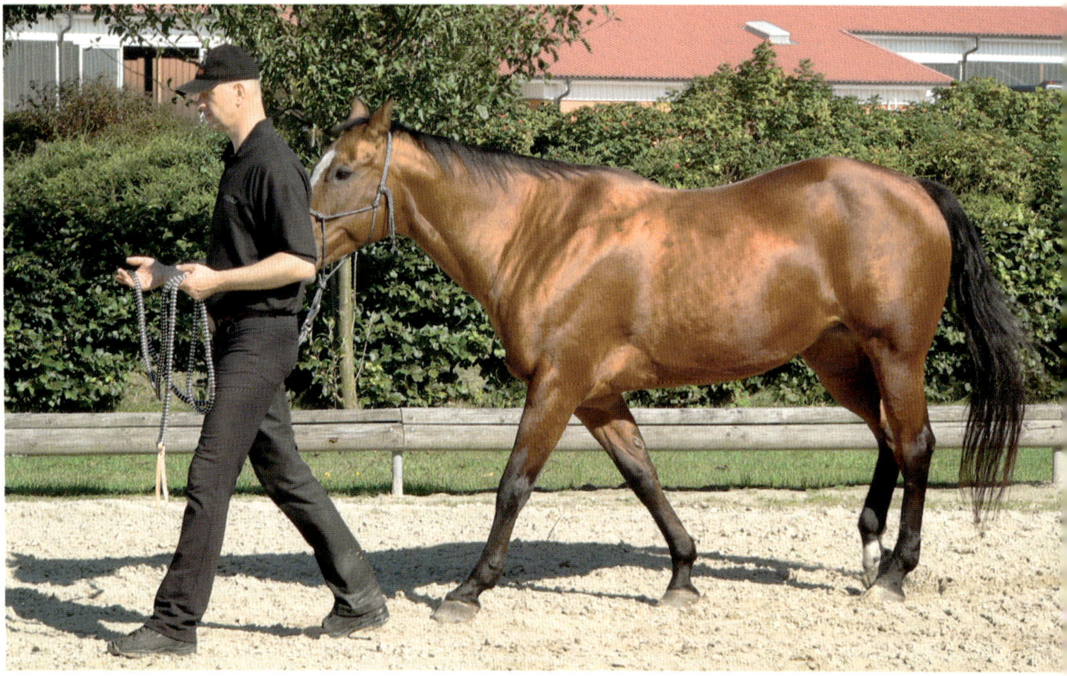

Führen in Leitstutenposition.

Führen in rangniedrigster Position. Diese Position sollte beim Führen nicht eingenommen werden.

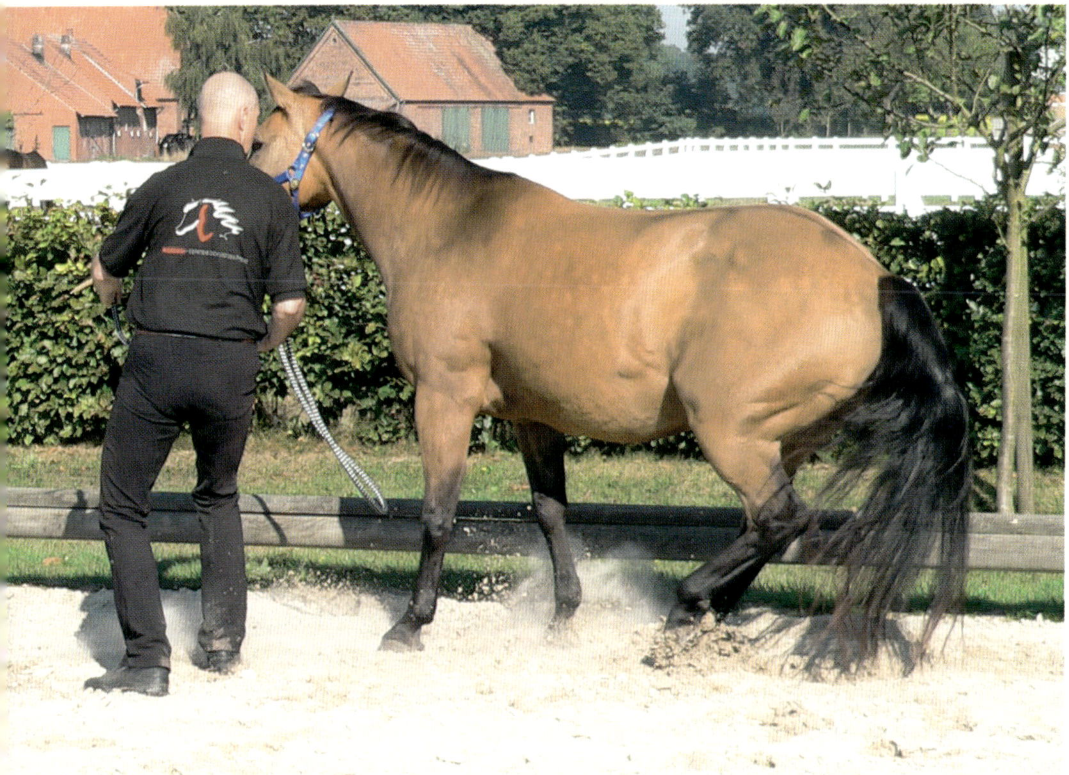

Der Stopp beim Führen.

führe (in der Regel nach links) und gehe dann in der alten Bewegungsrichtung mit dem Pferd hinter mir weiter. So lernt das Pferd schnell, dass es ihm nichts bringt, an mir vorbeizugehen, denn im gleichen Moment schaut es wieder in die andere Richtung. So kann ich sanft, konsequent und sicher ein Fehlverhalten meines Pferdes freundlich korrigieren.

Wichtig
Druck gibt Gegendruck, Zug gibt Gegenzug. Wenn ich am Führseil ziehe, lernt das Pferd nur, dass es stäker ist als ich.

Anhalten des Pferdes beim Führen

Wenn ich das Pferd führe, muss ich jederzeit in der Lage sein, es mittels meiner Körpersprache anzuhalten. Dabei sollte ich es unbedingt vermeiden, am Führseil nach hinten zu ziehen. Druck gibt Gegendruck, Zug gibt Gegenzug. Das werden wir immer wieder beobachten. Wenn mein Pferd erst einmal gelernt hat, gegen meinen Zug zu ziehen, dann hat es damit auch gelernt, dass es stärker ist, als ich. Wir alle können uns sicher sein, dass es stärker ist. Ein Jährling wiegt in der Regel etwa 170 Kilogramm. Wer wollte den ernsthaft festhalten?

Wenn ich erlernen möchte, mein Pferd jederzeit per Körpersprache zu stoppen, dann sollte ich zunächst einmal forsch mein Pferd führen, so dass ein deutlicher Unterschied zwischen der Bewegung und dem anschließenden Stopp besteht. Wenn das Pferd lahm hinter mir herlatscht und ich lahm das Stoppsignal gebe, dann wird mein Pferd höchstwahrscheinlich auch lahm weiterlatschen und das Signal gar nicht als solches empfinden. Ich sollte bestrebt sein, eine deutliche Bewegungsdynamik zu entwickeln. Dabei befinde ich mich deutlich vor der Schulter des Pferdes, meine Führhand ist mit der Handfläche nach oben gerichtet. Das deutlich durchhängende Führseil liegt dabei nur vom Daumen gehalten über der Handfläche. Es ist wichtig, die Hand offen zu halten und nur den Daumen das Seil halten zu lassen, denn wenn ich es in der Faust halte, ist das Ziehen quasi schon vorprogrammiert. Das liegt in unserer Natur.

Wenn ich das Pferd dann anhalten will, gehe ich folgendermaßen vor: Ich nehme mit einem plötzlichen Impuls die dem Pferd zugewandte Schulter zurück und wende mich dabei mit dem Kopf meinem Pferd zu. Gleichzeitig stampfe ich ebenfalls impulsartig mit dem Fuß, der dem Pferd zugewandt ist, auf den Boden. Das kann ich mit einem stimmlichen Laut unterstreichen, was aber nicht unbedingt nötig ist. Dabei muss meine Führhand mit dem Führseil unbedingt vorne bleiben. Das heißt, ich nehme sie nicht mit zurück zur Brust des Pferdes.

Ich sollte diese Technik zunächst mit einem Menschen einüben oder zumindest ausprobieren. Dazu bedarf es keines Führseiles und keines Knotenhalfters. Ich gehe links von einer anderen Person und führe urplötzlich die beschriebene Technik durch. Alleine mein plötzliches Stehenbleiben bei gleichzeitigem Zurücknehmen meiner rechten, der anderen Person zugewandten Schulter, reicht, um den Stopp auszulösen. Stampfe ich zusätzlich mit dem Fuß auf, wird der/die andere förmlich einfrieren.
Erst wenn das sicher eingeübt ist und wie automatisch passiert, ohne dass die Führhand zurückgezogen wird, sollte der Stopp am Pferd probiert werden. Wir müssen bedenken: Ein Pferd lernt immer, ob wir die Übung konzentriert durchführen oder ob wir gerade in Gedanken versunken sind. Ob wir ausdrucksstark und klar sind oder ambivalent. Wenn mich mein Pferd ernst nehmen soll, dann muss ich mich klar und ernst zu nehmend verhalten. Gerade beim Stopp sollte das Pferd mich unbedingt ernst nehmen. Hier etabliere ich eine lebenswichtige Notfallübung. Das Pferd wird dabei nicht zwischen Bodenarbeit und Reiten unterscheiden. Stoppsignal ist Stoppsignal. Entweder respektiert mein Pferd dieses, oder nicht. Für uns gibt es dabei kein Pardon. Hier hört der Spaß auf. Von daher führen wir jeden Stopp – am Boden oder unter dem Sattel – so durch, als käme gerade ein Dreißigtonner LKW, und es ginge um unser beider Leben bei dem Stopp. Danach lasse ich das Pferd eine Weile stehen und lobe es, damit das Pferd diesen Vorgang für sich aufmerksam beleuchten kann. Danach wird er offiziell abgeschlossen.

Hat das Pferd nicht gestoppt, wie gewünscht, müssen wir das augenblicklich korrigieren. Wir richten es einen oder zwei Schritte zurück und machen danach den Break mit der Lobe-Phase. Nach dieser Korrektur lassen wir das Pferd nicht wieder in die alte Richtung weitergehen, sondern drehen es 180 Grad um, oder lassen es zumindest 90 Grad seitlich wegtreten, ehe wir wieder in die alte Richtung gehen. Wir legen großes Augenmerk auf die Ernsthaftigkeit des Stopps. Erst ein Pferd, das sich jederzeit und überall und in jeder Gangart und in jedem Tempo sicher anhalten lässt, bringt den Menschen in seinem Unterbewusstsein ins Vertrauen gegenüber seinem Pferd. Das ist die Voraussetzung für jederzeit angstfreies Reiten und angstfreien Umgang. Eine weitere Korrekturmöglichkeit besteht in dem zusätzlichen Einsatz der Fahrpeitsche. Dieser Einsatz wird weiter unten bei der Beschreibung des Stopps in den Grundtechniken ausführlich erklärt.

Rückwärtsrichten des Pferdes

Wir haben bereits beschrieben, dass ich mein Pferd zum Rückwärtsweichen animieren kann, wenn ich von vorne auf das Pferd zugehe und dabei meine Schultern und Arme abwechselnd hochziehe und wieder fallen lasse. Dieses Rückwärtsweichen fordere ich, um ein Respektsverhältnis herzustellen.

Es gibt aber eine weitere Variante, um das Pferd rückwärts gehen zu lassen, die weniger Respekt fordernd ist, dafür das Pferd aber durch Animation zum Rückwärtsgehen veranlasst. Ich stelle mich dazu neben den Hals des Pferdes, und wir beide schauen parallel in die gleiche Richtung. Das Führ- oder Arbeitsseil habe ich locker in der nach oben geöffneten Hand, wobei mein Daumen das Seil fixiert. Das andere Ende des Seils habe ich in meiner anderen, dem Pferd abgewandten Hand, es steht dabei ein Ende von 20 Zentimetern über, an dem sich die doppelte Lederlasche befindet. Beuge ich meinen Oberkörper nun deutlich nach hinten über, während ich meine rechte Führhand am ausgestreckten Arm vorne am Pferdemaul belasse, dann kann ich das Pferd veranlassen, rückwärts zu gehen. Ich nehme nach hinten gebeugt meine Knie deutlich abwechselnd nach oben. Dabei gehe ich solange auf der Stelle, bis mein Pferd sich rückwärts in Bewegung setzt. Dieses kann ich zudem fordern bzw. verstärken, indem ich das Seilende in der anderen Hand quasi als Gaspedal benutze. Dazu schwenke ich es langsam parallel neben meinem Körper abwechselnd nach oben und wieder nach unten.

Wichtig
Das Seilende bleibt an meiner dem Pferd abgewandten Seite und berührt dieses auf keinen Fall.

Das Rückwärtsrichten beim Führen

Auch hier fordere ich nur maximal drei bis vier Schritte, um dann einen Break zu machen und das Pferd ausgiebig zu loben.

Eine weitere Variante besteht darin, wie beschrieben vorzugehen. Anstatt des Wedelns mit dem Seilende schwenke ich nun die Fahrpeitsche mit der dem Pferd abgewandten Hand seitlich neben meinem Körper nach oben und nach unten. Der Effekt ist der gleiche, nur deutlicher. Auch bei dieser Technik sollte ich so wenig Hilfen wie nur möglich geben, denn später unter dem Sattel wünsche ich mir ein Pferd, das ich durch nicht mehr sichtbare Hilfen ohne Zügeleinwirkung rückwärts richten kann.

Führen des Pferdes bei Widersetzlichkeiten

Will ich ein Pferd führen, und es sperrt sich, indem es einfach stehen bleibt, kann ich diese Situation leicht klären, indem ich das Pferd nun im Winkel von 45 Grad nach vorwärts rechts oder vorwärts links führe. Dieser Seitwärts-Impuls bringt die Vorhand des Pferdes aus der Balance, so dass es in die neue Richtung übertritt. Aus dieser impulsartigen Bewegung heraus kann es nun leicht in der gewünschten Richtung weitergeführt werden.

Verhält sich das Pferd beim Führen dagegen widersetzlich, damit kann Steigen, Buckeln, Los-

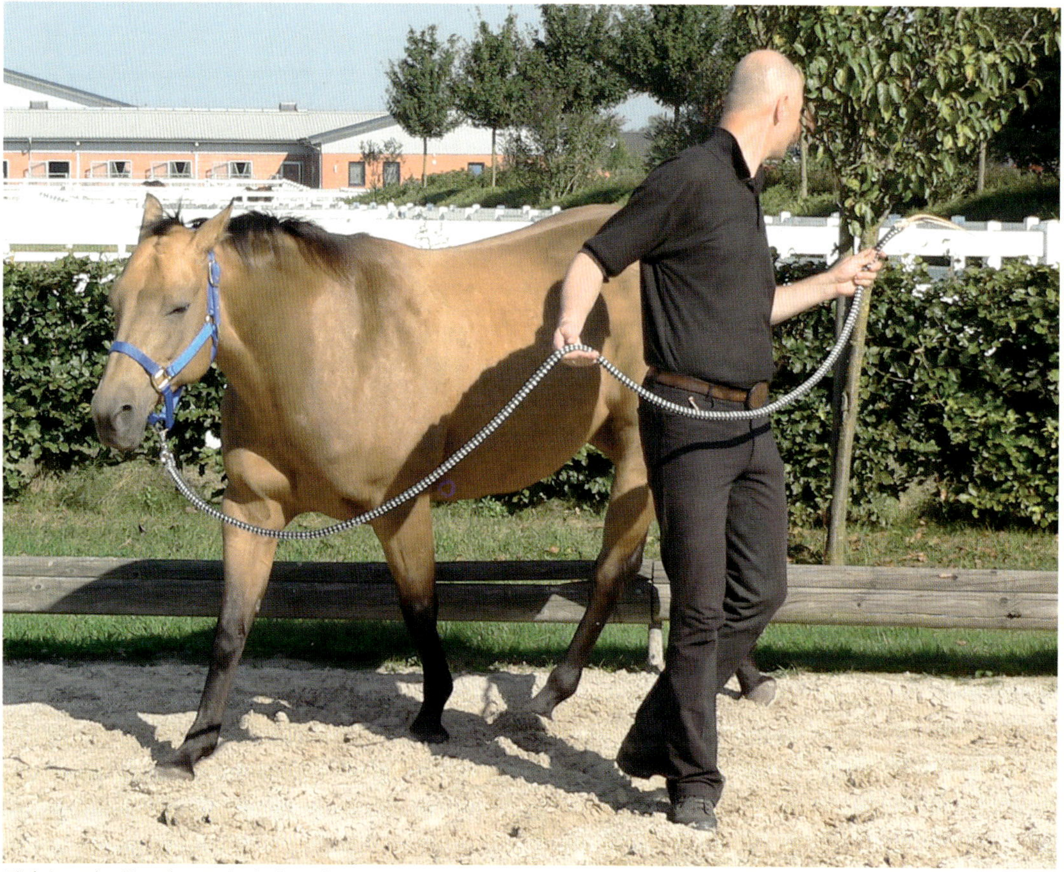

Einleiten der Korrekturvolte beim Führen

In dieser Position bei der Korrekturvolte ist der Mensch sicher.

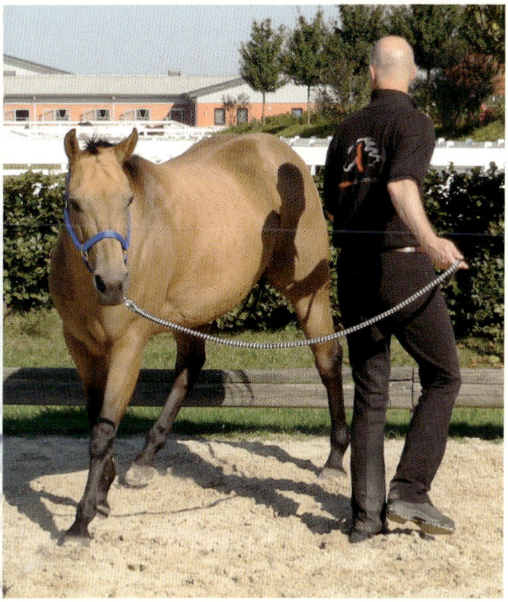

1

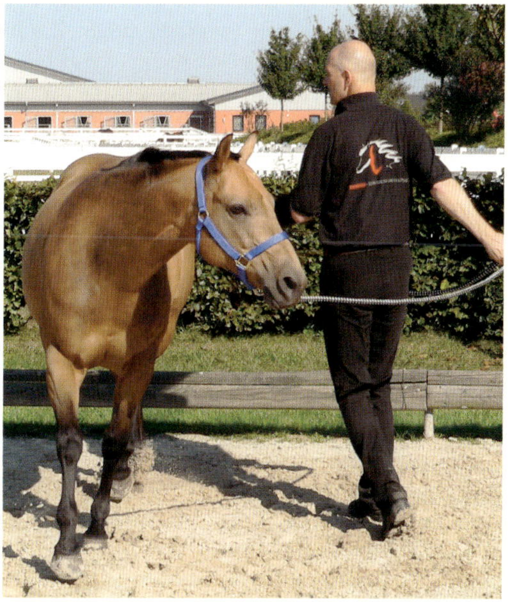

2

3

4

rennen, Ziehen oder Ähnliches gemeint sein, begebe ich mich sofort in die sicherste Position, die ich dem Pferd gegenüber einnehmen kann und habe es trotzdem unter absoluter Kontrolle: ins »Auge des Hurrikan«. Es handelt sich um eine Notfallübung, die jeder sicher beherrschen sollte. Ich verlängere das Führseil auf 2/3 Länge. Ich drehe mich nun seitlich vom Pferd weg, wobei meine Führhand (Hand, die das Führseil hält) seitlich hinter dem Körper zurückbleibt. Währenddessen erfasst meine freie Hand das Führseilende so, dass ein ca. 20 cm langer Wedel übersteht. Ich drehe mich dann noch weiter um und gehe vis-à-vis auf die Hinterhand des Pferdes zu. Dabei kann ich das Weichen der Hinterhand durch Wedeln mit der Lasche unterstützen. Während ich nun fortwährend und beinahe in Tuchfühlung auf die Hinterhand zugehe, muss mir mein Pferd zwangsläufig am losen Führseil hohl gebogen in meine Richtung in einem sehr engen Radius folgen. Diese Hohlbiegung bewirkt, dass das Pferd nun im Extremfall wohl noch nach außen oder nach hinten austreten könnte, nicht aber in meine Richtung. Das Pferd kann sich nun schadlos austoben, wobei die kleine Volte sehr schnell beruhigend wirkt. Das Pferd lernt, dass alle Widersetzlichkeit beim Führen fruchtlos ist.

Wichtig
Bei dieser Übung muss ich ruhig, sicher und souverän sein. Werde ich aggressiv oder ängstlich, kann die Situation eskalieren.

Das Pferd soll mich als souveräne Autorität erleben. Durch Wiederholung soll es Vertrauen und schließlich auch Respekt entwickeln.

Führen von zwei Pferden gleichzeitig

Wenn ich im Umgang mit Pferden sicher bin und die Pferde Respekt und Vertrauen haben, kann ich durchaus auch mehrere Pferde gleichzeitig führen. Wenn ich zwei Pferde gleichzeitig führe, gehe ich folgendermaßen vor:

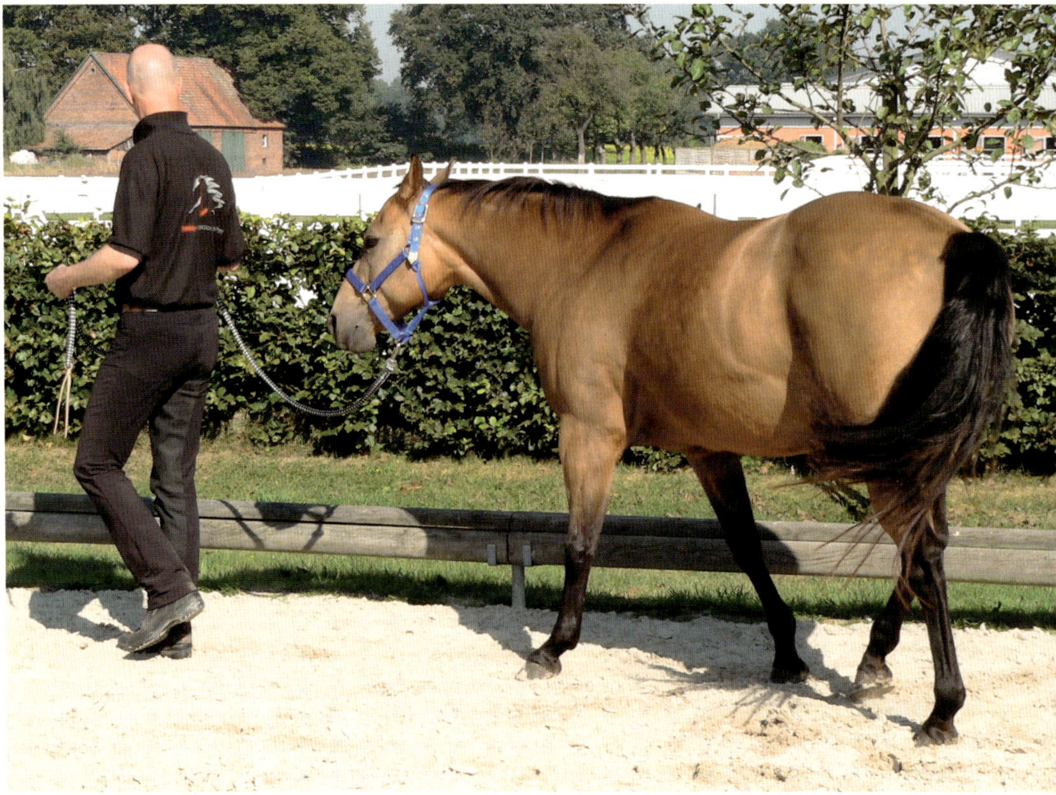

Verlassen der Korrekturvolte

Gesetzt den Fall ich führe von links, befindet sich das rechte Pferd wie gehabt mit Kopf und Hals neben mir. Das linke Pferd geht quasi zwischen uns nach hinten versetzt. Es hat ein längeres Führseil und geht gegenüber dem Führpferd in der Fohlen-Position. In der vorderen Führposition habe ich das Pferd, welches weniger Respekt und Vertrauen hat. Das ist in diesem Fall kein Problem, da sich das ranghöhere Pferd ebenso wie das vorne geführte Pferd unter meiner Führung befinden. Will das erste Pferd mich überholen, kann ich nun eine Volte nach rechts, also zum Pferd gehen, wobei meine linke Hand mit dem Führseilende (Lasche) die Vorwärtsbewegung begrenzt, oder ich gehe wie gehabt, eine Volte nach links, also in meine Richtung. In beiden Fällen wird das hintere Pferd problemlos den Bewegungsablauf nachvollziehen können. Das ich das Führseil des hinteren Pferdes jederzeit verlängern kann, kann ich so auch beide Pferde hintereinander durch Engpässe führen.

Wenn ich mich in eine Pferdegruppe begebe, muss ich auf jeden Fall der Ranghöchste allen gegenüber sein. Rangniedere Pferde, die ich aus der Gruppe heraushole, muss ich in dem Augenblick unter meinen Schutz stellen und vor Angriffen ranghöherer Tiere schützen. Nur so erlange ich das Vertrauen des rangniederen Tieres und den Respekt der ranghohen Tiere.

Wichtig
Bei den alltäglichen Verrichtungen sollte ich voll konzentriert und absolut konsequent sein. Viele Widersätzlichkeiten und gefährliche Situationen beim Reiten werden so gar nicht erst entstehen.

Putzen des Pferdes, ohne es anzubinden

Jedes Pferd sollte es dulden, angebunden zu stehen. Dennoch wird das Pferd bei den täglichen Verrichtungen nicht angebunden, denn nur so kann es Eigenverantwortung lernen. Da Pferdemenschen die unterschiedlichsten Auffassungen und Überzeugungen vertreten, lassen sich die nachfolgenden Übungen sicherlich nicht in allen Ställen bzw. Stallgemeinschaften realisieren. Der Leser kann sie abseits des geschäftigen Treibens in Ruhe ausprobieren und trainieren, ohne den Stallfrieden zu gefährden.

Ich stelle mein Pferd auf den Putzplatz, so dass die beiden Beinpaare jeweils nebeneinander stehen. Ist eines der Beine gegenüber dem anderen vorgesetzt, ist die Gefahr eines nächsten Schrittes größer, als wenn die beiden Beine nebeneinander stehen (stabil).

Ich lege das Führseil auf die Erde, wobei es zunächst seitlich neben dem Pferd nach hinten führt. Dazu kann ich anfangs auch das 3,70 m lange Arbeitsseil verwenden, das geht bis zur Hinterhand. Vorne muss das Seil locker runterhängen, damit kein Zug auf das Halfter kommt.

Nun putze ich das Pferd. Ich kann – sollte das Pferd sich von seinem Standort wegbewegen – auf den am Boden liegenden Strick treten, um es zu sichern. In den ersten Tagen ist es sehr wichtig, dabei sehr aufmerksam zu sein und jeden kleinsten Schritt (vorwärts, seitwärts oder rückwärts) sofort wieder mit sanften Impulsen zurückzurichten.

Wichtig
Damit meinen wir jeden kleinsten Schritt. Es funktioniert nur, wenn wir zu 100% konsequent sind.

Dennoch passen wir nicht auf wie ein Schießhund, sondern geben dem Pferd nach jedem Zurückrichten liebevoll wieder eine Chance, selbstständig stehen zu bleiben. Das Pferd wird nun sehr schnell lernen, was wir von ihm wollen. Es wird sehr bald auch bei Störungen oder wenn ich weggehe, um zum Beispiel ein Ausrüstungsteil zu holen, stehen bleiben und auf mich warten. Es ist, als ob die Pferde sich unseres Vertrauens als würdig erweisen wollten. Unser Vertrauen in sie ermöglicht ihre Eigenverantwortung. Nichts motiviert mehr! Nach unseren Erfahrungen kann jedes Pferd in jedem Alter das eigenverantwortliche Stehen erlernen.

Das Putzen des Pferdes ist nicht nur eine Reinigung, sondern vielmehr eine sanfte Körpermassage, die als hingebungsvolle Zuwendung verstanden werden kann. Ein Pferd, das mich respektiert und mir vertraut, kann ich jederzeit überall berühren, das heißt auch am Kopf, an den Ohren etc. Ein solches Pferd wird es auch hinnehmen, wenn ich eine Wunde versorge, die desinfiziert werden muss oder wenn ich eine Sprühdose verwenden muss. »Zickt« mein Pferd bei solchen Berührungen herum, ist mein Verhältnis zu dem Pferd noch nicht geklärt.

Zur Technik des Putzens und zur Auswahl der Bürsten wollen wir hier keine Empfehlungen geben. Jedermann wird nachfühlen können, was eine liebevolle Massage braucht. Nach unserer Erfahrung ist es gut, Pferde fest und sicher anzufassen. Es sollte ein deutlicher Körperkontakt bei den notwendigen Verrichtungen bestehen. Ein vorsichtiges und unsicheres Berühren untergräbt schnell das Respektverhältnis. Wenn wir Pferde bei der gegenseitigen Fellpflege beobachten, bekommen wir schnell eine Vorstellung ihrer Bedürfnisse.

Stehen: Dieses Pferd steht stabil auf allen vier Hufen und hat so nicht die Tendenz, seinen Platz zu verlassen.

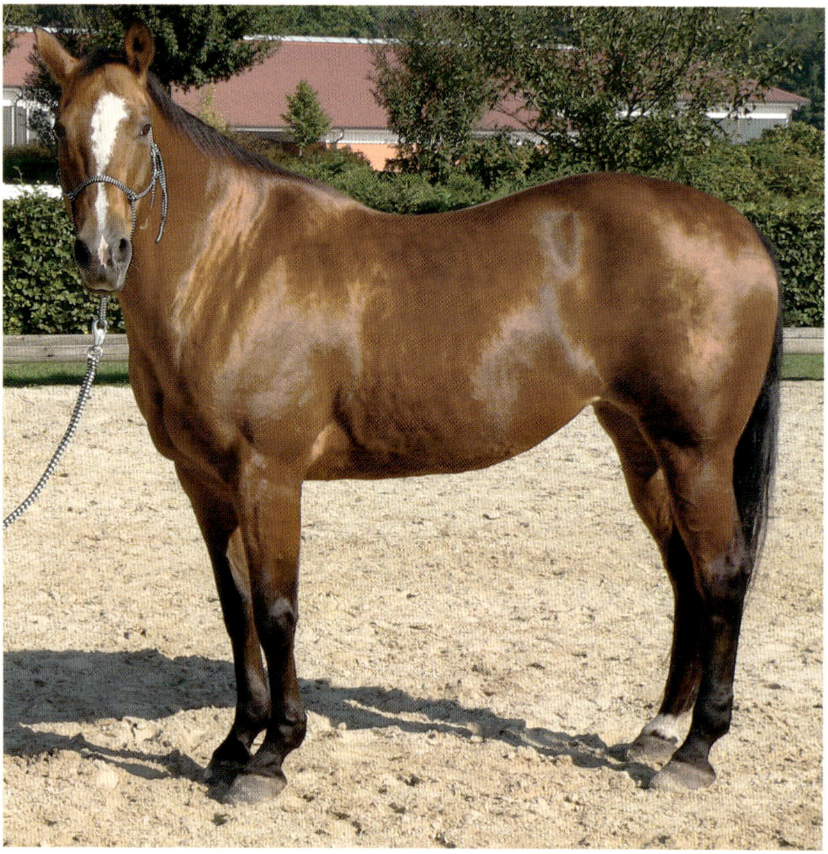

Aufheben der Hufe

Nach unseren Erfahrungen ist die Hufpflege ein wichtiges, aber zumeist ungeliebtes Ritual. Insbesondere das Aufheben der Hinterhufe ist oft angstbesetzt. Im Laufe der Jahre haben wir dazu ein Prozedere entwickelt, das uns auch mit schwierigsten Pferden sicher umgehen lässt. Die folgende Vorgehensweise steht zum einen unter dem Sicherheitsaspekt, zum anderen will ich ständig der ranghohe, agierende Partner sein, der die Situation kontrollieren kann.

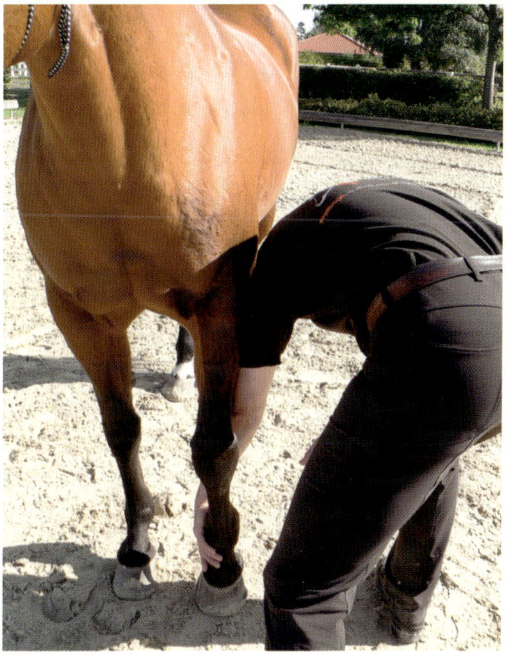

Schulter gegen Schulter

Hebe ich die Vorderhufe auf, stelle ich mich so vor die Schulter des Pferdes, dass mein dem Pferd zugewandter Fuß einen Schritt zurückgestellt ist und somit bei einem abrupten Landen des Vorderhufes außerhalb der Gefahrenzone steht. Beuge ich mich nun vor, um mit der dem Pferd zugewandten Hand das Vorderbein von innen nach vorne zu umfassen, drücke ich mit meiner dem Pferd zugewandten Schulter gegen dessen

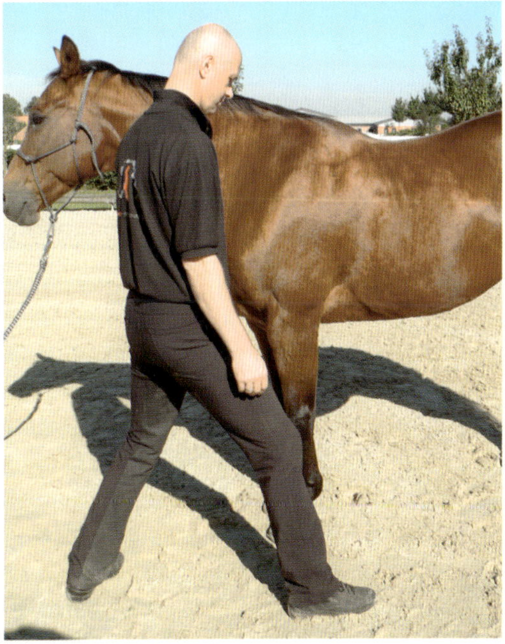

Stabiler Stand schafft Sicherheit.

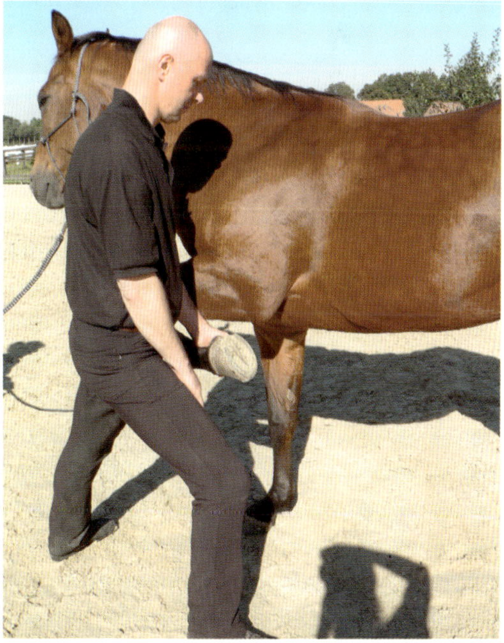

Das Pferd verlagert sein Gewicht auf sein Standbein.

Aufnehmen und ...

... Ablegen des Hinterbeins

Sicherheit für Mensch und Pferd

Schulter. Daraufhin verlagert das Pferd sein Gewicht auf das äußere Vorderbein. Es vollzieht also einen Lastwechsel. Dadurch wird das von mir aufzuhebende Vorderbein frei. Ich kann es leicht aufnehmen. Ich stelle mich auf und hebe das Vorderbein so hoch, dass mein Rücken gerade und entlastet wird. Dadurch behält das Pferd sein äußeres Vorderbein als Standbein und kann sich weder auf meine Hand legen noch herumhampeln.

Wenn ich mich zur Hinterhand bewege, streift meine Hand von der Schulter bis zur Hüfte am Pferd entlang, damit das Pferd weiß, wo ich mich befinde. Beim Aufheben der Hinterhufe verfahre ich wie beschrieben, allerdings im Moment des Aufhebens des Hinterbeins macht mein zurückgestelltes, dem Pferd zugewandtes Bein einen Ausfallschritt vorwärts, so dass ich das Bein des

Pferdes auf meinem Oberschenkel ablegen kann. Das Bein des Pferdes ist soweit nach hinten ausgestreckt, dass es nicht mehr austreten kann. Ich muss die Hinterhand gerade nach hinten herausziehen. Ein seitliches Ziehen in meine Richtung verursacht dem Pferd Schmerzen. Ein seitliches Drücken zum Pferd bringt das Pferd aus der Balance und macht ihm Angst. Da ich sein Bein sicher auf meinem Oberschenkel liegen habe, kann das Pferd sein Bein auch nicht durch plötzliches Ziehen aus meinem Griff lösen. Ich stehe in einer stabilen Position und kann mit geradem aufgerichtetem Rücken meine Arbeit verrichten. Danach lasse ich das Hinterbein langsam und kontrolliert wieder nach vorne ab, indem ich mein Bein seitlich wegdrehe und dabei mit meiner Schulter an der Hinterhand bleibe und somit mir und dem Pferd Stabilität vermittele. Schlägt das Pferd mit dem Schweif nach Fliegen, während ich die Hinterhufe bearbeite, halte ich das Schweifende mit der Hand, die das Bein hält, fest.

Das Pferd sollte anfangs unangebunden durch eine zweite Person vorne gesichert werden. Später wird es beim Hufeauskratzen alleine unangebunden stehen. Bei angebundenen Pferden ist die Arbeit an den Hufen wesentlich riskanter, denn das Pferd fühlt sich durch die Einschränkung des Bewegungsradius unsicher und wird unruhig. Mit den beschriebenen Techniken wird die Hufpflege bald zu einem für beide Partner angenehmen, sicheren Ritual.

4. Die Grundtechniken der Pferdisch Bodenarbeit

Cutters Gingersnap («Gini«)

Wir haben bereits ausgeführt, dass unter »Bodenarbeit« die Arbeit mit dem Pferd zu verstehen ist, bei der ich am Boden bin. Diese Arbeit ist kein Selbstzweck, sondern als hinführende Schulung des Pferdes zu einem harmonischen Miteinander und einem geschmeidigen Reittier zu verstehen.

Von einem Praxis-Handbuch wird der Leser in erster Linie Techniken und deren Anleitungen erwarten. Alle Techniken der Welt werden jedoch nach unserer Erfahrung nicht funktionieren, wenn die Haltung des Menschen, die innere Einstellung und Befindlichkeit zu den nach außen gebrachten Aktionen oder Reaktionen nicht stimmig ist. Genau da sieht Pferdisch den Bedarf an Persönlichkeitsentwicklung, innerem Wachstum, Gewinn von Selbstsicherheit, Klärung der eigenen Bedürfnisse, Setzen von Grenzen und Übernahme von Eigenverantwortlichkeit. Eine Autorität, die von anderen Lebewesen, Menschen und Pferden, respektiert wird und der man vertraut, ist sich ihrer selbst sicher, klar, konsequent, liebevoll und übernimmt Verantwortung. Alle Pferdisch Seminare, Fortbildungen und Coachings zielen darauf ab, den Menschen in seinem Potential zu stärken, zu fördern und in die Eigenverantwortung zu bringen. Dann helfen die vermittelten Techniken, in einer spielerischen Eleganz und am seidenen Faden mit Pferden umzugehen.

Diese Worte sollte der Leser nicht als Einleitung, sondern als wichtigstes Lernziel verstehen.

Dieses Kapitel behandelt einen der wesentlichen Eckpfeiler des Umgangs mit Pferden, nämlich Respekt und Vertrauen. Gerade hierbei besteht, nach unserer Erfahrung eine große Gefahr, dass die Techniken mit den Pferden immer wieder exerziert werden. Das Pferd spult sie schließlich mit »vorauseilendem Gehorsam« stereotyp ab. Das hat allerdings mit Respekt oder Vertrauen nicht das Geringste zu tun. Gerade vor dem Exerzieren wollen wir bewusst warnen, denn in dem Augenblick, wo der Spaß und die Freude an der Arbeit beim Pferd oder Reiter aufhört, geht der Schuss nach hinten los. Unsere Bemühungen werden kontraproduktiv. Werden die für sich gesehen guten Techniken missbraucht, dann sind sie danach im wahrsten Sinne des Wortes »verbraucht«. Es wird immer schwieriger, sich danach Respekt und Vertrauen des Pferdes zu verdienen.

Das nachfolgend beschriebene Konzept funktioniert. Das können wir nach mehrjähriger Erfahrung mit vielen Pferden in verschiedenen Ländern feststellen. Allerdings funktioniert es nur bei absolutem Gewaltverzicht. Ich kann das Pferdisch Prinzip nicht mit Zwang und Gewalt vermischen. Nach Pferdisch ist es nicht akzeptabel, das Pferd in einem ständigen Erwartungs- oder Angstzustand zu halten. Es ist ebenso nicht akzeptabel, eine nicht gleich funktionierende Technik wieder durch alte Zwangsmittel zu ersetzen. Auch wir wissen aus eigener Erfahrung, dass Zwang und Gewalt immer dort anfangen, wo Handlungsalternativen und adäquate Problemlösungen fehlen. Von daher wollen wir ein komplettes Konzept eines harmonischen und gewaltfreien Umgangs mit Pferden als Handlungsalternative anbieten und darstellen. Der Anwender sollte sich entscheiden, ob er diesen Weg des gewaltfreien Umgangs gehen will oder nicht.

Die einzige Situation, in der Gewalt oder Druck angemessen ist, sehen wir, wenn das Pferd unsere Grenzen rücksichtslos überschreitet und uns dabei gefährdet. Dann muss unsererseits eine Aktion erfolgen, aufgrund derer das Pferd sich wünscht, es hätte unsere Grenze nicht überschritten. Zwang und Gewalt sind niemals Schulungselemente. Unter Druck oder Stress kann niemand lernen, auch Pferde nicht.

Die Arbeit am Boden nach dem Pferdisch Prinzip ist keine Konditionierung, wie z.B. Zirkuslektionen. Vielmehr bringt der Mensch durch eine von den Pferden lesbare Körpersprache im Idealfall eindeutig zum Ausdruck, was er möchte und was nicht.

Bei der Beschreibung der folgenden Techniken gehen wir von Pferden mit »normalen« Verhaltensweisen aus. Das sind Pferde, die vielleicht etwas respektlos, aber dem Menschen gegenüber nicht grundsätzlich feindselig gestimmt sind. Die Korrektur von so genannten Problempferden, damit meinen wir Pferde, die ein für den Menschen gefährliches Verhalten zeigen, wird in diesem Praxis-Handbuch nicht behandelt. Die Ausbildung und Korrektur von Pferden wird im dritten Band dieser Praxis Serie erklärt und ist für Pferdetrainer gedacht. Der unbedarfte Pferdehalter wäre damit überfordert und in Gefahr. Insofern gehört die Korrektur solcher Pferde in professionelle Hände.

Das grundsätzliche Verhältnis zwischen Mensch und Pferd ist in unserem ersten Buch[1] beschrieben und wir möchten hier darauf verweisen.

Auf einen Punkt möchten wir hier noch mal im Detail eingehen: Was Gewalt und Zwang an dem einen Ende der Skala bedeutet, ist die Gabe von Leckerli an dem anderen Ende. Dieser Punkt führt in all unseren Seminaren zu höchst emotionalen Diskussionen. Wir möchten hier auch nicht Schiedsrichter sein. Nur soviel sei hier gesagt: Die schwierigsten und gefährlichsten Problempferde, die wir korrigiert haben, waren so genannte »Leckerli-Pferde«, nicht die, die geschlagen wurden. Indem ich meinem Pferd als Belohnung Leckerli gebe, mache ich mich dem Pferd gegenüber klein, kaufe mich quasi in dessen Gunst ein. Vielleicht möchte ich damit erreichen, dass mein Pferd mich lieb hat. Das Gegenteil ist der Fall. Wir selber geben deshalb überhaupt keine Leckerli mehr. Ein Praktikum bei uns wäre in dem Augenblick beendet, wo jemand einem unserer Pferde ein Leckerli gäbe. Dabei geht es nicht um die Leckerli als Substanz, sondern um die Verbindung mit einer Belohnung aus der Hand (Konditionierung). Wer seinem Pferd etwas Gutes tun will, kann das Gewünschte abends über das Futter geben. Diese Aussage mag für viele Menschen ernüchternd klingen, ist aber nach unserer Erfahrung nicht disponibel.

1 *Siehe Anhang*

Die Autorität auf Distanz unter Beweis stellen

Die Grundtechniken der Pferdisch Bodenarbeit werden zunächst mit Knotenhalfter, Arbeitsseil und Fahrpeitsche, wie oben beschrieben, zur Unterstützung der Körpersprache erlernt und perfektioniert. Da es sich aber nicht um eine Konditionierung, sondern um eine universell gebräuchliche Körpersprache handelt, funktioniert das Ganze auch auf größere Distanz ohne die beschriebenen Hilfsmittel.

In einem umgrenzten Areal, das kann ein Reitplatz oder Roundpen, ein Paddock oder eine Reithalle sein, kann ich das Pferd auf Distanz nur durch meine Körpersprache in Gangart, Tempo, Richtung und Stopp fernsteuern. Sobald ich eine Verbindung zu dem Pferd habe, wird das Pferd auf jede kleinste Bewegung meines Körpers adäquat reagieren und in eine feine, sensible Interaktion mit mir treten, solange ich dieses unsichtbare Band aufrecht erhalten kann.

Die Grundtechniken der Pferdisch Bodenarbeit muss der Mensch erlernen. Die Pferde verstehen sie von sich aus. Es ist eine Arbeit an der Eigenwahrnehmung, an der gezielten Körperkoordination und am Durchsetzen einer konzentrierten Absicht des Menschen. Es ist nicht eine Arbeit an den

Freiarbeit im Roundpen für Respekt und Vertrauen

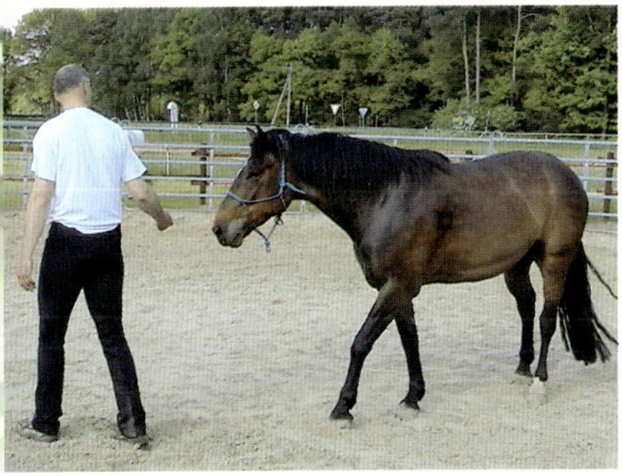

Die Bodenarbeitstechniken funktionieren auch auf größere Distanz, ohne Arbeitsseil. Ist das Verhältnis geklärt, folgt das Pferd freiwillig.

Bewegungsmustern des Pferdes. Diese folgt später, wenn wir die Körpersprache sicher erlernt haben. Die Grundtechniken sind wie die Vokabeln einer Sprache zu verstehen. Die Förderung des Pferdes zu seinem Wohle geschieht später durch die Bildung von Sätzen und Aussagen.

Die Freiarbeit mit dem Pferd an sich ist die Königsdisziplin, die das Bodenarbeitskonzept als krönender Erfolg abrundet, wenn Respekt und Vertrauen wirklich gegeben sind. Es ist ein lohnendes Ziel, darauf hinzuarbeiten, seine Körpersprache so zu perfektionieren, dass Handwechsel, Tempoveränderung, Zirkel verkleinern/vergrößern, sowie Stopp und Rückwärtsrichten in freier Arbeit, wie am unsichtbaren Faden geführt, funktionieren.

Beginnen wir mit den Vokabeln.

Das Herstellen von Respekt und Vertrauen geschieht nach dem Prinzip:

AKTION – REAKTION
WEICHEN – LOBEN

Ich trainiere mein Pferd auf der Fläche eines Sandkastens

Will ich das Verhältnis zwischen meinem Pferd und mir überprüfen, korrigieren oder herstellen, brauche ich sprichwörtlich nicht mehr als die Fläche eines Sandkastens. Absolut unter meiner Kontrolle steht das Pferd, wenn es ruhig neben mir steht. Je mehr es sich bewegt und je weiter es dabei von mir weg ist, umso schwieriger ist es für mich, das Geschehen zu kontrollieren.

Will ich ein Verhältnis herstellen oder korrigieren, bei dem ich der Ranghöhere bin, lasse ich das Pferd zunächst ruhig neben mir stehen. Wir kennen das bereits aus der Arbeit beim Betreten der Box und führen das durch, bis das Pferd wirklich ruhig und abwartend steht. Daran anschließend lasse ich das Pferd vorwärts, seitwärts und rückwärts vor mir weichen, aber jeweils nur einen Schritt. Auf diese Weise setze und beende ich die Aktion selbst. Das Pferd reagiert. Nach jeder Aktion mache ich einen Break, also eine Pause, und lobe das Pferd durch Sprache und Streicheln. In dieser Pause lernt das Pferd. Es ist lerntechnisch wertvoller, diese Aktion zweimal zu wiederholen und lange Pausen dazwischen zu machen, als fünfmal zu wiederholen ohne Pausen (»Exerzieren«). Ich werde sehr schnell ein Gespür dafür bekommen, ob das Pferd wirklich willig in alle Richtungen weicht, oder ob ich noch Widerstände überwinden muss. Das gilt wirklich in alle Richtungen. Ein Pferd, das sich z.B. unter dem Sattel treiben lässt und nicht vorwärts geht, weicht nicht nach vorne, also hat es zumeist keinen Respekt. Soll das Pferd rückwärts vor mir weichen, gehe ich aufgerichtet und selbstbewusst auf das Pferd zu, hebe dabei seitlich die Hände hoch und ziehe meine Schultern hoch. Ich fordere nur einen Schritt. Ich lasse das Pferd seitlich weichen, indem ich vor ihm stehend die Hand mit dem Führseil seitlich als einladende Geste aufmache und mit der Fahrpeitsche von der anderen Seite parallel zum Pferde wedelnd einen Störfaktor herstelle, vor dem das Pferd weicht. Dabei wedele ich gleichmäßig von unten nach oben. So lange, bis das Pferd die gewünschte Reaktion zeigt. Höre ich vorher auf, lernt das Pferd, dass es meine Aktion dickfellig aussitzen kann. Beim nächsten Mal muss ich dann doppelt so viel Energie aufwenden. Vorwärts führe ich das Pferd, wie bereits beschrieben, im 45-Grad-Winkel nach vorn, wenn es geradeaus nicht willig mitgeht.

Diese Weich-Übungen auf der Fläche eines Sandkastens führe ich durch, bis das Verhältnis zu meinem Pferd absolut geklärt ist. Das Pferd soll willig weichen, ohne Widerstand. Es soll sich dabei erkennbar entspannen, was sich durch Fallenlassen von Kopf und Hals, in der Entspannung des Kiefermuskels, der Entspannung der Maulpartie durch Kauen und Lecken, durch hörbares Ausatmen, Schnauben, durch eine entspannte, faltenfreie Maul- und Nüsternpartie und eine entspannte Unterlippe erkennen lässt.

Ein Pferd, das mich respektiert, wird ohne Widerstand mit seinem Kopf bis zum Boden folgen, wenn ich ihm ohne Druck meinen Arm über seinen Nacken lege und mit meinem Kopf zuerst nach unten gehe. Dort wird es bleiben und sich kraulen lassen, solange mein Oberkörper auch unten bleibt.

Ein Pferd, das mich respektiert, lässt es zu, dass ich ihm in die Nüstern blase, ohne seinen Kopf wegzuziehen.

Respektkorrektur ohne Bewegung vermindert das Risiko.

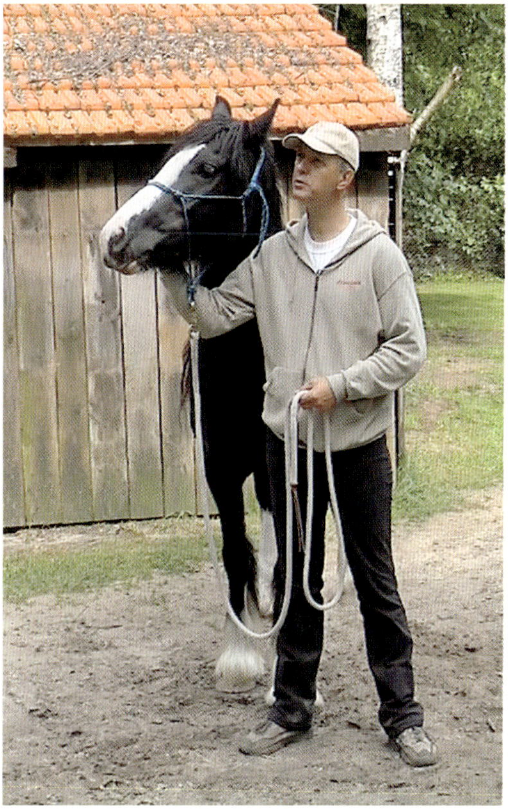

Handfester Körperkontakt ist oftmals hilfreich, um die Beziehung zu klären.

Wichtig

Unter loben verstehen wir ein Streicheln, Kraulen und Kneten des Pferdes in Richtung des Fellwuchses.

Für das streichelnde Loben prädestiniert sind Hals, Mähnenkamm, insbesondere vor dem Widerrist, Stirn, Kinngrube und Nüsternpartie. Das Klopfen des Pferdes setzen wir zum Desensibilisieren und zum Abbau von Spannung ein, nicht zum Loben. Unsere Intention muss deutlich und unterscheidbar in unseren Aktionen zum Ausdruck kommen. Der Leser mag in sich hineinfühlen, ob er es schätzt, beim Loben kräftig auf den Rücken geklopft oder lieber zärtlich im Nacken gekrault zu werden.

Spannung und Entspannung

Ein Muskel kennt zwei Zustände: er ist angespannt, oder er ist entspannt. Ein bisschen angespannt gibt es ebenso wenig wie ein bisschen schwanger. Ein permanent angespannter Muskel erlahmt und übersäuert. Er verhärtet, verursacht Schmerzen und ist unangenehm. Von daher muss es ein Ziel sein, das Pferd dahingehend zu schulen, dass es gezielt nur die Muskelpartien anspannt, die es für bestimmte Bewegungen benötigt. Eine Anspannung des Gesamtorganismus – mental und physisch – bedeutet dagegen, dass das Pferd in einer hohen Erwartungshaltung existiert. Diese tut ihm nicht gut und ist aus unserer Sicht kontraproduktiv. Das muss ich im Umgang und bei der Auswahl von Techniken beachten. Auf eine erhöhte Spannung reagiert das Pferd mit Nervosität, Unruhe, Versuchen, sich zu entziehen, für sich zu sorgen und ist nur schwer in ein gedeihliches Miteinander zu bringen. Eine überhöhte Anspannung im Pferd wird immer die Tendenz haben, sich zu entladen. Diese Entladung beinhaltet Gefahren und Risiken. Es muss ein Ziel sein, eine übermäßige Anspannung gar nicht erst entstehen zu lassen.

Die Kunst, die es zu erlernen gilt, ist das sinnvolle und zweckdienliche An- und Entspannen des Gesamtsystems Pferd auf der Basis einer ausgeglichenen Grundhaltung.

Richte ich ein Pferd abwechselnd vorwärts und rückwärts, so baue ich bewusst kurzzeitig Spannung auf (egal, ob vorwärts oder rückwärts), um dann im Break Entspannung eintreten zu lassen. Das wirkt bei dem Pferd als Entspannungsübung und macht dem Pferd seine eigene Anspannung, die möglicherweise aus einem ungeklärten Rangordnungsverhältnis herrührt, erst einmal bewusst.

Respektloses Pferd weichen lassen erzeugt Spannung.

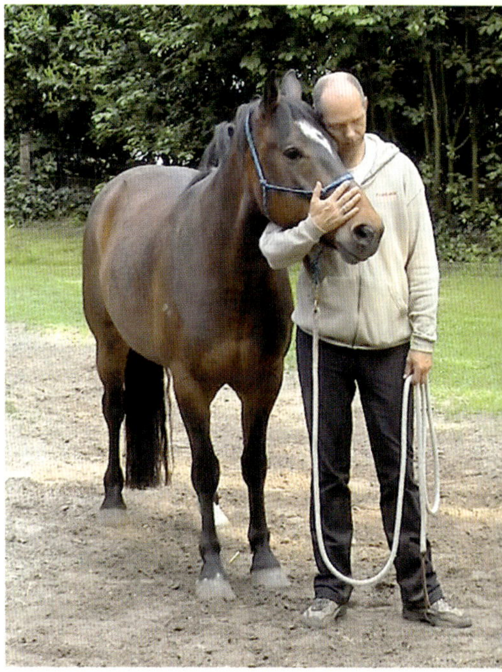

Wir sind wieder gut miteinander – Entspannung.

Rückwärtsrichten erzeugt Anspannung.

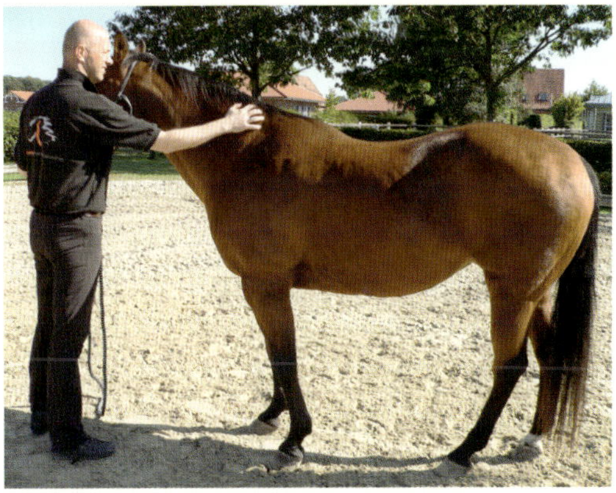
Danach sofort Entspannung und Loben.

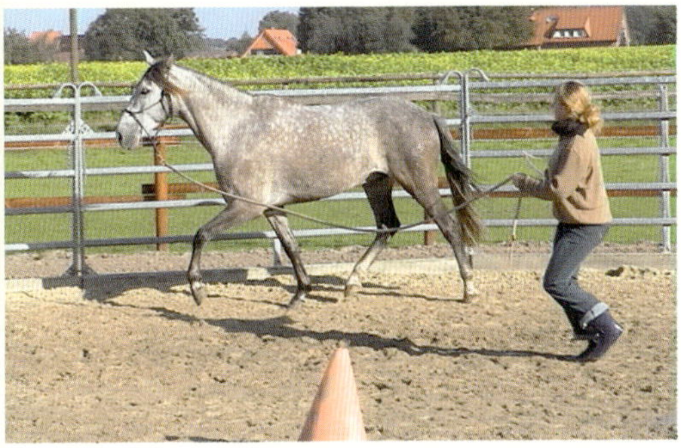
Aktion fordern – Spannung.

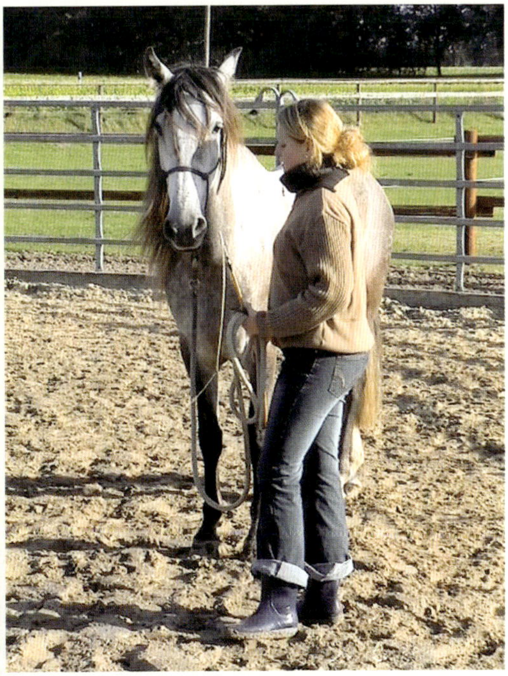
Mitarbeit lohnt sich – Entspannung.

Die Spannungsphasen sollten dabei wesentlich kürzer sein, als die Entspannungsphasen. In den Entspannungsphasen setze ich als beruhigendes Mittel die Stimme ein.

Da Pferde naturgemäß gerne Takt und Rhythmus aufnehmen und imitieren, sind stimmliche Einwirkungen in Form von rhythmischem Schnalzen, klaren Signalen oder beruhigenden Vokalen nach unserer Überzeugung ein unverzichtbares Mittel in der Schulung und im Umgang mit Pferden. Die landläufige Meinung: »Sprich' nicht mit deinem Pferd. Es antwortet dir nicht.« teilen wir nicht, denn das Pferd antwortet – bloß halt auf »pferdisch«.

Grundposition des Menschen in der Pferdeschulung

Der Grundposition des Menschen zum Pferd kommt in ihrer Exaktheit eine enorme Bedeutung zu. Hier werden in der Praxis nach unserer Erfahrung die meisten Fehler gemacht. Diese wirken sich dergestalt aus, dass das Pferd anders reagiert, als von uns erwartet.

Der Mensch steht der Breitseite des Pferdes vis-à-vis gegenüber. Beide Schultern haben dabei den gleichen Abstand zur Längsseite des Pferdes. Der

Arm, der der Hinterhand des Pferdes gegenüber liegt, hält die Fahrpeitsche, wobei diese hinter dem Schweif positioniert wird. Der Arm mit der gerade ausgestreckten Peitsche bildet zur Brustlinie des Menschen einen Winkel von 90 Grad. Das ist nur möglich, wenn die andere Schulter des Menschen gleichzeitig dem Pferd zugewandt ist. Geht sie dagegen zurück, würde sich der Winkel des Peitschenarms zur Brustlinie vergrößern. Das soll in der Grundposition nicht passieren. Die andere Hand des Menschen hält das Arbeitsseil, welches im Winkel von 45 Grad zum Pferdekopf führt.

Setze ich das Pferd nun durch das Anheben der Fahrpeitsche und/oder ein Schnalzen in Bewegung, gehe ich genau in dieser Position im gleichen Abstand mit dem Pferd mit. Der Winkel zum Pferd und die Position gegenüber dem Pferd bleiben auch in der Bewegung solange erhalten, bis ich das Pferd durch eine Veränderung meiner Körperhaltung zu einer Veränderung seiner ursprünglichen Bewegung veranlassen möchte. Ich bewege mich nun parallel zum Pferd, wobei ich quasi seitwärts gehe. Das hintere Bein überkreuzt das vordere Bein in der Bewegungsrichtung. Es ist etwas gewöhnungsbedürftig, jedoch mit etwas Übung leicht zu erlernen.

Um die Beschreibung des Bewegungsablaufes nicht zu komplizieren, können wir uns vorstellen, dass der Mensch einen kleinen Kreis geht, das Pferd zugleich nach außen versetzt einen größeren Kreis. Der Pferdekreis ist jeweils so viel größer, wie die dem Pferd zur Verfügung gestellte Seillänge es zulässt, wobei der schwere Haken unten am Knotenhalfter nach Möglichkeit immer senkrecht nach unten hängen sollte. Kommt Zug auf das Seil, das heißt, der Haken wird in Richtung Mensch angehoben, entsteht ein deutlicher bis unangenehmer Druck durch den äußeren Knoten des Knotenhalfters auf der Nase des Pferdes. Jetzt greift das Naturgesetz:

ZUG GIBT GEGENZUG –
DRUCK GIBT GEGENDRUCK.

Grundposition mit Winkeln

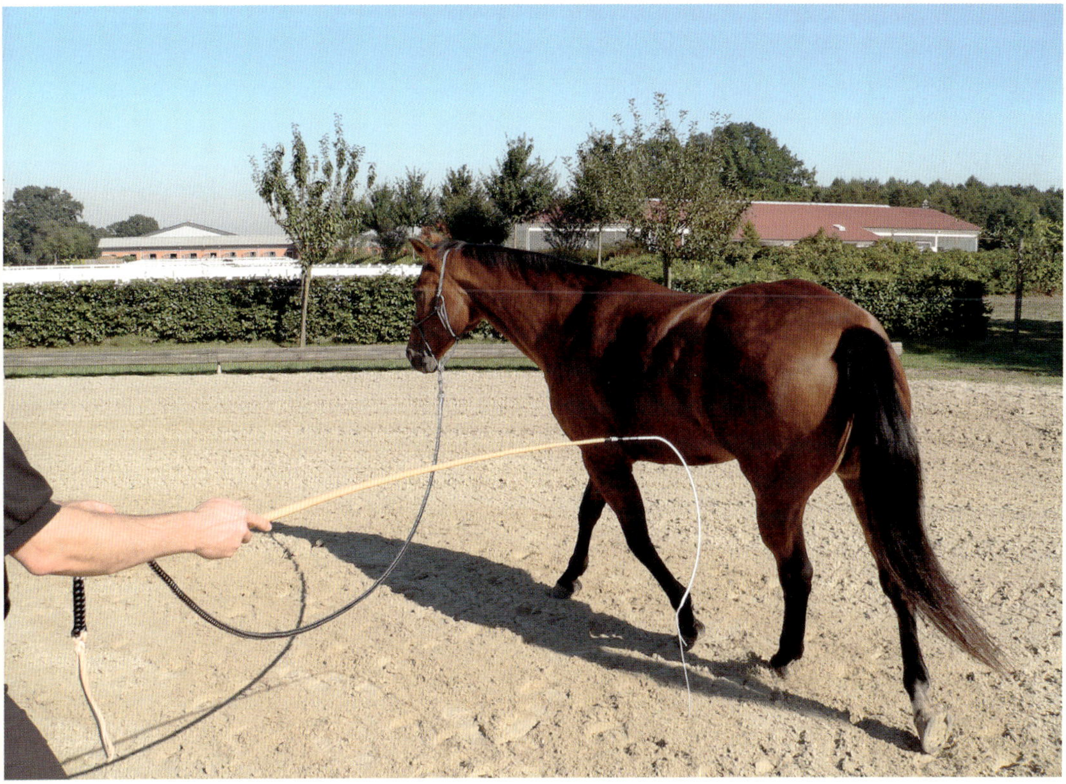

Grundposition

Das rechte Bein des Menschen kreuzt ...

... in Bewegungsrichtung nach links vorne.

Es muss mein Bestreben sein, so mit meinem Pferd zu arbeiten, dass der Haken nahezu ständig senkrecht nach unten hängt, von kleinen kurzen Impulsen abgesehen. Was Beachtung finden sollte, ist nicht das Annehmen, sondern das Loslassen.

Um mich anfangs gegenüber dem Pferd sicher zu positionieren, kann ich mir einen Gegenstand (z. B. eine Pylone) in die Mitte stellen. Ich kann mich auf einem Kreis im Durchmesser von einem Meter um diese Pylone bewegen. Ich vermeide damit, dass das Pferd seinen eigenen Weg geht, mich quasi hinter sich her zieht und ich in den Reaktionsmodus komme. Ich möchte erreichen, dass das Pferd unter Respektierung eines locker durchhängenden Arbeitsseils willig in gleich bleibendem Abstand in der gewünschten Gangart um mich herumläuft. Dabei ändert sich meine Stellung zum Pferd, einmal eingenommen, nicht mehr. Das Pferd läuft dabei »zwischen meinen Händen«. Ich gebe ihm einen Rahmen, der es sowohl begrenzt als auch schützt. Ich kann nun Schub erzeugen oder zurücknehmen. Ich kann das Pferd aus dieser Grundposition in alle Richtungen bewegen, nur durch die Änderung meiner Position.

Es kann nicht genug hervorgehoben werden, wie wichtig diese exakte Grundposition für die folgende Interaktion ist. Erst wenn ich diese Grundposition sicher einhalten kann und den Rahmen für das Pferd bestimmen und erfühlen kann, bin ich in der Lage, weitere Schritte in Sachen Kommunikation durch Körpersprache zu praktizieren.

Der häufigste Fehler gestaltet sich so, dass der Mensch neben dem Pferd herläuft, die Führhand mit dem Arbeitsseil seitlich wegstreckt und der Winkel des Armes mit der Fahrpeitsche bis auf 180 Grad aufgemacht wird. Der Mensch geht mit ausgebreiteten Armen (»Erzengel Gabriel«) hinter dem Pferd her. Hier fehlt der Rahmen. Der Aufbau

Die Pylone hilft, sich im Raum zu positionieren, damit das Pferd sich am Menschen orientiert.

des erforderlichen energetischen Schubs ist unmöglich. Das Pferd wird neben mir herlatschen und meine Signale nicht wahrnehmen. Selbst wenn ich noch so viel mit meiner Peitsche wedele, wird das Pferd das ignorieren und abstumpfen. Das wirkt sich nachhaltig negativ auf das Respektverhältnis aus.

Ein weiterer, häufig vorkommender Fehler, besteht darin, dass der Mensch, seitlich gesehen, vor die Schulter des Pferdes gerät. In dem Fall wird sich das Pferd augenblicklich dem Menschen zuwenden und meistens auch anhalten. Diese Verhaltensweise machen wir uns später bewusst zunutze. In dem beschriebenen Stadium zeigt sie, dass der Mensch unbeabsichtigt zu weit nach vorne gelangt ist.

Ich bewege das Pferd mit meiner Körpersprache und nicht mit Peitsche und Seil. Habe ich Pferdisch erlernt, brauche ich weder Seil noch Knotenhalfter, um mit dem Pferd zu kommunizieren. Entwickele ich mich weiter in meiner Ausdruckskraft, kann ich sogar auf die meine Signale verstärkende Fahrpeitsche verzichten.

Der Stopp

Läuft das Pferd nun in einem kontrollierten Rahmen zufrieden und konstant seinen Zirkel um mich herum, ist der Zeitpunkt gekommen, den Stopp zu etablieren. Da das Pferd mich imitiert und ich mit schnellen, akzentuierten, impulsartigen Bewegungen jederzeit seine Aufmerksamkeit auf mich lenken kann, muss der Stopp eine knackige, sichere und somit ausdrucksstarke Bewegung sein. Will ich mit Pferden sicher umgehen können (Sicherheit beinhaltet angstfrei), so muss ich in der Lage sein, mein Pferd jederzeit und überall anhalten zu können. Das gilt nicht nur für die Bodenarbeit, sondern in gleichem Maße für die Arbeit im Sattel.

Es liegt in der Natur der Sache, dass ein konstant beachtetes Stoppsignal vom Pferd ein Höchstmaß an Respekt erfordert. Respektiert mein Pferd mich nicht, wird es möglicherweise meine Bemühungen, es anzuhalten, ignorieren und einfach weitergehen. Kann das so geschehen, lernt das Pferd, dass es sich mir in letzter Konsequenz jederzeit entziehen kann. Das ist jedoch weder Respekt begründend noch erhaltend. Ich muss mit meiner Intention, wenn ich das Pferd stoppe, absolut klar sein. Das bedeutet, dass ich selber auch nicht im Geringsten den Gedanken in meiner Vorstellung haben darf, dass das Pferd nicht stoppen könnte. Ich muss alle meine Energie, meine Zielstrebigkeit und Konsequenz in diese körpersprachliche Aktion legen. Ich darf nicht an deren Erfolg zweifeln. Ansonsten würde gemäß dem Prinzip der sich selbst erfüllenden Prophezeihung genau das Gegenteil meiner Absicht eintreten.

Für alle meine körpersprachlichen Signale gilt, dass es hinsichtlich meines Ausdrucks und der erwünschten Reaktion des Pferdes grundsätzlich keine Grauzone gibt. Während ich es durchaus hinnehme, dass ich bei den anderen Signalen schon mal schludere und mein Pferd bei den anderen Reaktionen auch schon mal unaufmerksam ist, sieht das beim Stopp anders aus. Es gibt nicht ein bisschen schwanger, wir schrieben dieses bereits. Daher gibt es auch nicht ein bisschen Stopp. Es nützt mir nichts, wenn mein Pferd auf das Signal hin meistens stoppt. Selbst wenn es fast immer stoppt, genügt das nicht. Stellen wir uns vor, dass wir auf eine befahrene Straße zureiten und diese überqueren wollen. Wir geben dem Pferd das Stoppsignal, weil sich ein Lastwagen nähert. Nun kann sich jedermann die Folgen ausmalen, wenn das Pferd das Signal missachtet. Geschieht das dennoch, dann muss das Pferd sich hinterher wünschen, dass es gestoppt hätte. Es muss eine neue Aktion eintreten, die dem Pferd unverwechselbar klar macht, dass hier der Spaß aufhört.

Wende ich dieses Signal an, sollte ich es aus diesem Grunde nie leichtfertig, unkonzentriert oder aus einer Laune heraus durchführen. Mit jedem Mal, wo ich das Stoppsignal gebe und mein Pferd missachtet es, verringere ich maßgeblich meine Sicherheit, mein Vertrauen in das Pferd, den Respekt des Pferdes und somit auch sein Vertrauen in mich. Der Stopp darf keine Exerzierübung werden, die ich in jeder Trainingseinheit x-mal durchführe. Während das Pferd alle Bodenarbeitselemente körpersprachlich beantwortet, diese also nicht zu erlernen braucht, verhält es sich beim Stopp anders. Hier erfolgt zu der körpersprachlichen Reaktion des Pferdes eine stringente Konditionierung, so dass es hier keine Alternative für das Pferd gibt. Der Stopp ist immer Ausdruck des ultimativen Respektverhältnisses zwischen dem Pferd und mir. Ehe ich an irgendwelche Techniken zum Erlernen und Durchführen des Stopps denke, muss ich mir darüber klar werden, dass das Pferd zunächst willig, das heißt ohne innere oder äußere Opposition in alle Richtungen vor mir weichen muss. Ist das noch nicht vollständig gewährleistet, warte ich noch mit dem Stopp.

Richtig praktiziert, führen die Techniken, die wir hier beschreiben werden, auch zu einer körpersprachlichen Reaktion des Pferdes, die dieses nicht erst erlernen muss. Bis ich diese exakt und forsch beherrsche und auch durchsetzen kann, macht das Pferd zwangsläufig auch die Erfahrung, dass es möglich ist, dieses Signal zu missachten. Das liegt in der Natur der Sache, denn weder das Pferd noch ich selbst kommen fertig auf die Welt. Lernen beinhaltet immer Fehler, wobei Fehler nur ausdrücken, dass noch etwas fehlt. Um das sicher und kompetent auszufüllen, lernen wir. Es ist in der Lernphase verzeihlich, wenn das Pferd die Gelegenheit erhält, meine Signale hin und wieder fehl zu deuten oder zu missachten. Ist der Stopp jedoch etabliert, und ich führe ihn dann inkonsequent und ausdrucksschwach durch, ist das unverzeihlich. Das Versäumnis liegt nun bei der von mir nicht aufgewandten Energie und Konzentration. Von daher sollte ich damit ganz bewusst umgehen.

Immer, wenn es mir passiert, dass das Pferd mein Signal missachtet, muss von mir augenblicklich mit Power eine neue Aktion gesetzt werden, die das Pferd zu einer Reaktion veranlasst, dass es sich wünscht, es hätte auf meinen Stoppimpuls adäquat reagiert. Wie sich diese Techniken gestalten, werden wir nun im Einzelnen beschreiben:

Der Stopp verläuft in drei Phasen. Ich muss mir verdeutlichen, dass ich nicht gleich mit Kanonen auf Spatzen schießen kann. Damit wollen wir ausdrücken, dass, wie bei allen Elementen der Pferdisch Bodenarbeit, das richtige Maß der Dinge Beachtung finden muss:

**SO VIEL WIE NÖTIG,
SO WENIG WIE MÖGLICH.**

Die drei Phasen des Stopps sind von ihrer Intensität her progressiv, also von Phase zu Phase stärker werdend. Bin ich mir selber meiner Sache nicht sicher, oder habe ich gar Angst vor meinem Pferd, sollte ich diese Techniken nicht durchführen, sondern dieses lieber durch jemand anderen tun lassen. Erst, wenn ich in meiner Persönlichkeit soweit gefestigt und entwickelt bin, dass ich wirklich in der Rangordnung über meinem Pferd stehe, sollte ich diese Techniken anwenden.

Stopp-Phase 1

Wir gehen davon aus, dass das Pferd auf der linken Hand läuft. Das Arbeitsseil befindet sich in meiner linken Hand, die Peitsche in der rechten im 90-Grad-Winkel. Will ich das Pferd nun stoppen, so lege ich in der Anfangszeit die Position des Zirkels, den das Pferd läuft, so nah an eine Begrenzung (Zaun, Bande), dass das Pferd auf seiner normalen Kreisbahn noch etwa einen Meter Platz zur Begrenzung hat. Ich selber befinde mich also etwa fünf Meter von der Begrenzung entfernt. Den Zeitpunkt des ersten Stopps wähle ich so, dass das Pferd dabei im rechten Winkel frontal auf die Bande zuläuft. Wenn wir den Zirkel, in dessen Mittelpunkt ich stehe, wie eine Uhr aufteilen, dann befindet sich der Berührungspunkt des Zirkels an der Begrenzung bei 9:00 Uhr. Befindet sich das Pferd etwa einen Meter vor dem 12:00 Uhr Punkt, atme ich tief ein und baue eine Spannung in meinem Körper auf. Ich benutze meinen linken Fuß als Standpunkt und vollziehe mit meinem Körper drehend auf diesem Fuß eine blitzschnelle Körperdrehung nach links. Ich führe die Fahrpeitsche im »Degenstoß« unter dem Arbeitsseil hindurch auf den 9:00 Uhr Punkt zu. Mein herumschnellendes rechtes Bein landet im Ausfallschritt Richtung 9:00 Uhr Punkt mit einem deutlichen Aufstampfen auf dem Boden. Meine Endposition gleicht der eines Florettfechters, der einen Ausfallschritt auf seinen Gegner zu macht. Mein linkes Bein ist also nach hinten ausgestreckt, mein rechtes Bein als neues Standbein mündet in besagtem Ausfallschritt. Dadurch, dass ich die Fahrpeitsche unter dem Seil hergeführt habe, hat sich meine vormals hintere Schulter nun parallel zum Pferd gedreht. Beim Herumschnellen gebe ich ein stimmliches Kommando. Wir benutzen dazu den Begriff

Stopp-Phase 1

»Woah« aus der Westernreitweise, weil sich dieser tiefe, durchdringende Ton in jahrelanger Arbeit als sehr effektiv erwiesen hat. Jeder andere Begriff wäre auch denkbar. Das Ausstoßen dieses Tones bewirkt eine plötzliche Entspannung meiner vorher angespannten Lungen und drückt für das Pferd etwas Ultimatives, nicht mehr Zurücknehmbares aus. Genau das muss es sein. Ich erstarre in dieser Position, in der Sicherheit, dass das Pferd daraufhin stoppen wird. Das Pferd wird daraufhin förmlich einfrieren. Erst wenn das Pferd völlig zum Stillstand gekommen ist, entspanne ich meine Position und meinen Körper wieder.

In der Anfangsphase stoppt das Pferd oft und dreht sich mir erschrocken zu, um daraufhin wieder stehen zu bleiben. Das ist in Ordnung. Durch das Stoppmanöver bin ich plötzlich und unerwartet vor die Schulter des Pferdes gesprungen, was dieses reflexartige Umdrehen hervorruft. Ist absolute Ruhe in den Körper eingetreten, entspanne ich mich und gehe auf das Pferd zu, wobei ich die Peitsche an meiner linken Körperseite nach hinten unten wegdrehe, so wie man ein Schwert in die zugehörige Scheide steckt. Dann übernimmt meine linke Hand, die ja bereits das Arbeitsseil hält, das Griffstück meiner nach links hinten unten geführten Peitsche. Ich kann mit der nun freien rechten Hand entspannt und locker auf das Pferd zu gehen, ohne das meine Peitsche mich dabei behindert oder gar das Pferd erschreckt. Nun mache ich einen langen Break und lobe das Pferd ausgiebig. Das Arbeitsseil hängt dabei bis auf den Boden.

Das Üben des Stopps darf ich in seiner Häufigkeit nicht übertreiben. Auch sollten Stopps nicht zu schnell aufeinander erfolgen, um diese nicht zu verbrauchen. Bei der Ausführung dieses ersten Stopps hat mir natürlich die Nähe der Begrenzung geholfen. Das Pferd kommt aus dem freien Raum und läuft in einen Engpass, was alleine schon bremsend wirkt. Erst wenn ich mir absolut sicher bin, dass ich diese Technik beherrsche, werde ich mich allmählich Meter für Meter von der Begrenzung weg in den freien Raum bewegen. Der Zirkel, den das Pferd läuft, entfernt sich von der Begrenzung. Der Lernende wird feststellen, dass diese Stopptechnik in freiem Raum ausgeführt, nun schon eine andere Sache ist. Von daher werden zwangsläufig die folgenden beiden Phasen hin und wieder ihre Notwendigkeit unter Beweis stellen.

Stopp-Phase 2

Die beiden nächsten Phasen des Stopps sind Korrekturphasen. Keinesfalls sollte ich diese so bewerten, dass ich die erste Phase unkonzentriert und inkonsequent durchführe, in dem Wissen, dass ich noch zwei Nachbrenner im Petto habe. Besser ist es, wenn ich die beiden folgenden Phasen nie brauche.

Die zweite Phase gestaltet sich so, dass ich nach dem Ausfallschritt von Phase 1 die Peitsche, die ja am Ende der ersten Phase Richtung Boden ausgestreckt gehalten wird, mit aller Kraft vor der nun näher kommenden Nase des Pferdes mit einem ausdrucksstarken Geräusch von unten nach oben schnellen lasse. Das wird das Pferd enorm erschrecken, so dass es geschockt zurückweicht und sich sinnbildlich auf seine Hinterhand setzt. Wieder erstarre ich mit der senkrecht über meinen Kopf geführten Fahrpeitsche, bis das Pferd, das normalerweise bei dieser Übung zurückgewichen ist, auch in Bewegungslosigkeit vor mir steht. Meine Atemluft, die ich beim Hochschnellen der Peitsche eingesogen und dann angehalten habe, entweicht nun hörbar, während meine Muskulatur sich deutlich entspannt ich die Peitsche langsam wieder herunterführe und wie beschrieben, linksseitig meines Körpers in die linke Hand übergebe. Ich gehe locker ohne jede Spannung, wie beschrieben, auf das Pferd zu und lobe es ausgiebig.

Es darf nicht die geringste Aggression in mir sein, wenn ich nun auf das Pferd zugehe und es lobe. Es ist nicht ein Fehler meines Pferdes, dass es auf Phase 1 nicht gestoppt hat. Es ist kein unverschämtes Verhalten, sondern es ist lediglich der Spiegel meines eigenen Verhaltens oder Nichtstuns bei dem von mir durchgeführten Stopp, der das Pferd nicht hat stoppen lassen.

Wie bereits beschrieben, ist das Pferd aufgrund der vor ihm hochschnellenden Peitsche ein Stück zurückgewichen. Das ist ganz elementar. Beim Stopp soll das Pferd lernen, rückwärts, also nach hinten zu denken. Geht es nach dem Stoppsignal von Phase 1 noch einen oder einige Schritte weiter, hat das Pferd nach vorne zu seinem gewünschten Ziel gedacht. Das muss ich unbedingt korrigieren. Weicht das Pferd aufgrund von Phase 2 nicht vor mir zurück, lasse ich es mindestens einen Schritt nach hinten weichen. Das erreiche ich durch meine quer vor das Pferd gehaltene Fahrpeitsche und indem ich von vorne schräg auf die Schulter des Pferdes zugehe. Weicht es, halte ich unverzüglich inne, entspanne mich und lobe das Pferd ausgiebig. Der Break danach sollte sehr ausgedehnt sein. In dieser Pause lernt das Pferd. Ich muss emotional gut mit ihm sein, ansonsten baut sich im Pferd Spannung auf. Unter Spannung kann das Pferd nicht lernen, die Verbindung von mir zum Pferd reißt ab.

Lasse ich das Pferd zurückweichen, um seinen Respekt einzufordern, darf ich das nicht übertreiben. Oft ist der zweite oder dritte Schritt schon zu viel, so dass das Pferd sich degradiert fühlt und in Opposition zu mir geht. Opposition bedeutet wieder Spannung. Die möchte ich, wenn möglich, vermeiden. Ein ganz wichtiger Punkt in dieser Ausbil-

Stopp-Phase 2

dungsphase besteht darin, dass ich immer dann, wenn ich das Pferd in der Korrektur des Stopps zurückgeschickt habe, nach dem Break folgendermaßen verfahren muss:

Ich lasse das Pferd danach niemals wieder in die ursprüngliche Richtung weitergehen, sondern drehe es immer mindestens 90 oder besser 180 Grad um und lasse es in die entgegengesetzte Richtung losgehen. Das Pferd geht also nach der Korrektur nicht dorthin, wohin es ursprünglich wollte. Das muss ich unbedingt beachten, und zwar nicht nur in der Arbeit vom Boden aus, sondern auch unter dem Sattel. So lernt das Pferd, rückwärts zu denken, wenn ich stoppe. Geht es nach dem korrigierten Stopp dagegen in der alten Richtung weiter, ist meine Absicht verfehlt.

Diesem Punkt wird nach unseren Beobachtungen nicht genügend Aufmerksamkeit geschenkt. Die Auswirkungen von Beachtung oder Nichtbeachtung sind gravierend. In dieser Hinsicht sind an unsere Disziplin und Konsequenz hohe Anforderungen zu stellen.

Stopp-Phase 3

Missachtet ein Pferd auch Phase 2, dann war es entweder zuvor schon völlig außer sich, so dass es meine Signale als solche nicht mehr wahrnehmen konnte, oder aber es bekundet, dass es absolut keinen Respekt vor mir hat. Hätte es absolut keinen Respekt vor mir, wäre es jedoch zuvor auch nicht in alle Richtungen vor mir gewichen. In diesem Stadium trifft meistens die erste Möglichkeit zu. Außer sich ist das Pferd oft schon dadurch, dass es sich in physischer Disbalance befindet, also driftend und schleudernd mit zu viel Tempo und zu wenig Seil, das heißt auf zu kleinem Radius um mich herumrast. Das wird hin und wieder in dieser Phase des Lernens der Fall sein. Das ist nicht tragisch, nur sollte ich in einem solchen Fall nicht das Stoppsignal geben, also das Pferd nicht mit den beschriebenen Techniken anhalten, sondern ich sollte es, ohne mich aufzuregen, gegen die Begrenzung richten, so dass diese natürlichen Gegebenheiten das Pferd langsamer machen oder anhalten.

Für Pferde der zweiten Kategorie, die überhaupt keinen Respekt vor dem Menschen haben, gibt es noch Phase 3 des Stopps. Nur bei diesen Pferden wenden wir diese Phase an. Wir betonen, dass es sich hier um eine Korrektursituation handelt, die nicht ungefährlich ist und die dem Pferd eine absolute Grenze setzen soll, damit dieses Gelegenheit erhält, wieder in ein gedeihliches Miteinander mit dem Menschen zurückzufinden. In einer normalen Trainings- oder Ausbildungssituation werde ich diese Technik nicht benötigen. Von daher ist der Anwenderkreis dieser Technik auf Menschen beschränkt, die keinerlei Angst vor dem jeweiligen Pferd haben, die wissen, was sie tun und die wissen, wann sie es tun. In unseren Seminaren nennen wir diese Übung in Bezug auf ihre Auswirkung auf das Pferd, die »Begegnung mit der dritten Art«. Es ist eine Notfalltechnik, mit der ich jedes Pferd stoppe, wenn ich sie nachdrücklich und gekonnt ausführe.

Diese Übung ruft bei dem Pferd einen regelrechten Schock hervor. Einen Schock, der es zur Besinnung bringen soll. Sie gehört nicht in ein normales Ausbildungsrepertoire. Die Technik läuft folgendermaßen ab: Ich stelle mir vor, dass das Pferd nach Phase 2 trotzdem weiterläuft. Nach Phase 2 befinde ich mich deutlich vor der Schulter des Pferdes. Da bleibe ich auch, indem ich mich nun auf der Stelle nach links drehe und permanent von vorne im Winkel von 45 Grad auf die innere Schulter des Pferdes schaue. Ich nehme nun meine Seilhand (linke Hand) und strecke diese auf Schulterhöhe Richtung Pferdeschulter aus. Das Pferd will

Stopp-Phase 3

Stopp-Phase 3

mich nach links umrunden, kann dieses allerdings nicht, da ich mich aus der vorderen Position mitdrehe. Nun drehe ich mich langsam nach rechts, wobei ich mich quasi mit meinem Körper in das Seil einwickele. Ich führe das Arbeitsseil von meiner linken Hand über meine Rücken unter meiner rechten Achsel her und bringe somit Zug auf das Seil, was bewirkt, dass ich den Zug des Seils nicht mit meiner linken Hand halten muss, sondern mit meiner ganzen Körpermasse. Nun schnelle ich zu dem Pferd herum und führe die Fahrpeitsche vehement von unten nach schräg oben über den Pferdekopf in die Luft.

Für das Pferd wechsele ich aus der linksherum ziehenden bzw. führenden Position durch meine plötzliche Rechtsdrehung vom Verfolgten zum Verfolger. Ich lasse das Pferd, das sich durch den Zug auf dem Arbeitsseil nicht von mir abwenden kann, das aber durch die sich verkürzende Seillänge sehr nah an mir dran ist, durch die Angst erregende Peitschenbewegung und das Geräusch zurückweichen. Nun ist es die große Kunst, mich in dieser nicht ungefährlichen Situation voll zu entspannen und das Pferd, das vor mir zurückgewichen ist, ausgedehnt und liebevoll zu loben. Tue ich das mit innerer Anspannung, entsteht bei dem Pferd die Assoziation von Kampf und von Gewinnen und Verlieren. Das muss ich vermeiden.

Wichtig

Immer, wenn ich im Umgang mit dem Pferd aufgebracht, wütend oder ängstlich bin, gehe ich aus der Situation heraus, bis ich wieder entspannt bin. Immer, wenn das Pferd angespannt ist, mache ich einen Break, bis das Pferd mental und physisch wieder unten ist.

Die dritte Stopp-Phase ist tatsächlich die Begegnung mit der »dritten Art«. Wir haben schon Pferde erlebt, die sich dabei auf den Hintern gesetzt haben. Eine solche Reaktion lässt schnell ein Siegergefühl in uns aufkommen. Das ist ein sicheres Indiz dafür, dass wir noch erheblich an uns arbeiten müssen. Dieses Gefühl würde die Beziehung zu dem Pferd, insbesondere sein Vertrauen zu uns nachhaltig belasten.

Die einzelnen Phasen des Stopps üben wir in unseren Seminaren Schritt für Schritt sehr solide ein, indem eine zweite Person in Partnerübungen die Rolle des Pferdes übernimmt. Da beide Personen die Rollen wechseln, erlebt auch jeder mal, wie ein richtig oder fehlerhaft ausgeführter Stopp in den drei Phasen sich für das Pferd anfühlt. Um Dinge richtig beurteilen zu können, müssen wir sie aus verschiedenen Blickwinkeln erleben. Wenn wir nur unsere eigene Sichtweise zu Rate ziehen, ist das eine unvollkommene Sicht. Von daher nutzen wir bei Pferdisch keine Intervention, die wir

Menschen üben mit Menschen

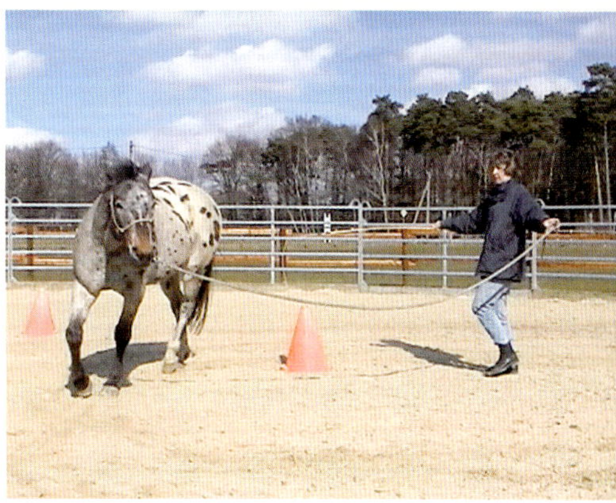

Menschen üben mit Pferd

nicht selber an uns ausprobiert haben. Das empfehlen wir übrigens bei allen Einwirkungen, auch bei den reiterlichen Hilfen. Wenn wir eine Ahnung davon bekommen, wie sich unser Pferd bei vielen Interventionen fühlt, verändert sich unser Verhalten und unsere Haltung dem Pferd gegenüber oftmals entscheidend.

Zirkel vergrößern und verkleinern

Beherrsche ich die Grundposition sicher, beginne ich damit, den Kreis, den das Pferd um mich herumgeht, zu vergrößern und zu verkleinern. Zum Vergrößern des Kreises gehe ich aus der Grundposition heraus quasi in Richtung Gurtlage, also von hinten auf die Schulter des Pferdes zu. Dabei drehe ich meine Seilschulter zum Pferd und drücke dieses damit nach außen. Eine andere Möglichkeit besteht darin, die Peitsche nach vorne in Richtung Schulter zu bewegen und damit wippende Impulse nach oben und unten auszuführen. Das Pferd wird daraufhin mit seiner Schulter nach außen weichen. Eine dritte Möglichkeit habe ich, indem ich mit Arbeitsseil und der zur Schulter gerichteten Fahrpeitsche gleichzeitig Impulse in Richtung Pferd geben, die dieses vor mir in die angedeutete Richtung der Fahrpeitsche weichen lassen.

So kann ich den Kreis beliebig vergrößern. Das Pferd wird solange nach außen weichen und damit den Zirkel vergrößern, wie meine Impulse anhalten, aufgrund derer das Pferd nach außen weicht. Es ist wichtig, dass ich dabei meine eigene Schrittfolge weiterhin vorwärts und seitwärts führe. Ansonsten bringe ich mein Pferd zwar nach außen, aber es verlässt die gebogene Zirkellinie und richtet sich gerade oder gar nach außen. Will ich das Pferd schließlich wieder auf den Zirkel zurückbringen, gibt es zumeist einen Ruck in das Seil und somit auf das Knotenhalfter. Dieser Ruck bringt mein Pferd aber augenblicklich aus seiner Balance. Das kann nicht in meinem Interesse sein. Von daher muss ich auf meine eigene Schrittfolge genau achten.

Will ich den Kreis daraufhin wieder verkleinern, gehe ich nicht etwa zu meiner Pylone oder in den ehemaligen Kreismittelpunkt zurück, sondern bewege mich um einen neuen imaginären Mittelpunkt auf einem kleinen Kreis und bringe damit das Pferd auf die Volte. Dazu wende ich meine Seilhandschulter wieder nach innen. Das veranlasst mein Pferd, mir sofort nach innen zu folgen. Ich muss dem Pferd Zeit geben, mir am durchhängenden – also losen Arbeitsseil zu folgen. Gebe ich Zug auf mein Arbeitsseil, werde ich sofort Gegenzug bewirken.

Im Gegensatz zum Longieren bleibe ich nicht statisch an einem Punkt, sondern bewege mich mit dem Pferd kreuz und quer durch das Areal, in dem ich arbeite. Wo immer ich mich befinde, kann ich das Pferd in jede gewünschte Richtung gehen lassen, sofern ich meine Position, das heißt meine Winkel zum Pferd verändere.

Das Verkleinern des Zirkels veranlasse ich dadurch, dass ich die Schulter der Seilhand einwärts drehe. Das Pferd wird sich daraufhin zu mir wenden, der von ihm weggehenden Schulter folgen. Das soll so geschehen, dass sich die Seillänge dabei nicht verändert. Ich will das Pferd nicht in den Kreis ziehen, sondern ich wende mich ab und das Pferd folgt. Geschieht das, insbesondere anfangs, nicht, veranlasse ich das Pferd mit feinen Impulsen am Seil mir seine Aufmerksamkeit zuzuwenden. Das kann beispielsweise auch durch die bereits beschriebene »Stotterbremse« eingeleitet werden. Mein Ziel ist es, so wenig wie möglich über das Seil einzuwirken.

Geraderichten

Will ich das Pferd aus der Kreisbahn heraus gerade richten, so übe ich das zunächst unter Zuhilfenahme der Bande, des Zaunes oder einer anderen natürlichen Abgrenzung. Ich drehe die Schulter meiner Seilhand ganz offensichtlich dem Pferd zu. Dadurch veranlasse ich es, aus der Kreisbahn nach außen zu treten. Es wird sich zunächst an der Abgrenzung orientieren. Ich kann dabei meine Position parallel zum Pferd etwas weiter nach vorne verlagern, maximal bis kurz vor die Hinterhand des Pferdes (Bereich der Flanke). Die führenden Elemente sind die dem Pferd zugewandte Schulter meiner Seilhand und meine Peitschenhand mit der Fahrpeitsche im 90-Grad-Winkel hinter der Schweifrübe.

Hinsichtlich meiner Position ist es erforderlich, ein wenig zu experimentieren. Schon bald werde ich das Pferd in dieser Bewegungsrichtung erfühlen. Instinktiv lerne ich, die richtige Stellung zum Pferd einzunehmen. So kann ich das Pferd jederzeit auch auf freier Fläche gerade richten.

Wichtig
Die meisten Pferde haben zunächst große Schwierigkeiten, ohne Anlehnung wirklich geradeaus zu gehen.

Das Geraderichten ist ein wichtiges Schulungselement.
Der Mensch sorgt mit seiner Seilhandschulter, die er dem Pferd zugewandt hält, dafür, dass es geradeaus geht und nicht in eine Kreisbahn abwendet. Will das Pferd dennoch, statt geradeaus zu gehen, nach innen einschwenken, so geht der Mensch einen schnellen Schritt von schräg hinten auf die Pferdeschulter zu und veranlasst das Pferd so, außen zu bleiben. Unterstützend bringt die Fahrpeitsche, wenn sie nach vorne in die Gurtlage geschwenkt wird, das Pferd auch wieder nach außen.

Wichtig
Das Pferd wird niemals mit der Fahrpeitsche touchiert!

Wir möchten nicht, dass das Pferd in einer ängstlichen Erwartungshaltung gegenüber der Peitsche gehalten wird. Wenn ich längere Strecken mit dem Pferd geradeaus gehe, kann ich mich etwas weiter vorne bewegen, meine Peitsche bleibt hinter der Schweifrübe.

Der Handwechsel

Will ich mein Pferd am Boden schulen, so muss ich das natürlich auf beiden Händen vornehmen. Pferde können Gelerntes nicht von einer auf die andere Hand übertragen. Dazu ist es erforderlich, dass ich das Pferd durch meine Körpersprache geschmeidig von einer auf die andere Hand wechseln lassen kann.

Wieder nehme ich den Zaun oder die Bande zu Hilfe, um die Körpersprache für dieses Manöver zu erlernen. Ich lasse das Pferd im Kreis um mich herumgehen. Dabei bewege ich mich rückwärts auf die Begrenzung zu. Kurz bevor das Pferd seinerseits an den Zaun stößt, bewege ich mich unmittelbar am Zaun rückwärts (parallel zum Zaun), so dass das Pferd mir ebenfalls am Zaun folgt. Ich mache mich klein und lade das Pferd dadurch ein, mir zu folgen. Ich wechsele nun die Peitsche und das Seil von einer Hand in die andere. Nun befindet sich die Peitsche in meiner dem Zaun zugewandten Hand und das Seil in der dem Zaun abgewandten Hand. Während ich weiter rückwärts gehe, führe ich meine Seilhand seitwärts vom Zaun weg. Die andere Hand lässt die Peitsche am Zaun von unten nach oben wedeln. Das veranlasst das Pferd, sich weg vom Zaun auf eine Kreisbahn in die andere Richtung zu bewegen. Ich verlasse den Zaun dabei ebenfalls, so dass das Pferd genügend Platz erhält, mich wieder zu umrunden. Ich lerne so sehr schnell, das Pferd aus der sicheren Abgrenzung des Zaunes auf die neue Hand zu geleiten.

Wichtig

Nicht das Pferd muss diese Technik erlernen, sondern der Mensch muss lernen, seine Körpersprache gezielt und unmissverständlich einzusetzen.

Wechsel von Seil und Peitsche beim Handwechsel.

1

2

3

4

5

6

Wenn der Mensch seiner Absicht Ausdruck verleihen kann, klappt das mit jedem Pferd.

Wir möchten nun detailliert die Handhabung von Peitsche und Seil beim Handwechsel beschreiben:

Während der Mensch rückwärts geht und das Pferd ihm folgt, hebt er den Daumen der Peitschenhand quasi als »Schnappdaumen« nach oben. Die Peitsche wird langsam in Richtung Arbeitsseil geschwenkt, bis beide parallel sind. Immer noch bewegt sich der Mensch rückwärts. Nun wird die Peitsche unter dem Arbeitsseil hergeschwenkt, so dass das Seil auf dem Peitschenrücken liegt und vom »Schnappdaumen« erfasst werden kann. In dem Augenblick lässt die Seilhand das Seil los. Für einen Moment hält die Peitschenhand Peitsche und Seil. Die frei gewordene Seilhand übernimmt nun die Peitsche, so dass die andere Hand nur noch das Seil hält.

Während die neue Seilhand mit einer einladenden Geste seitwärts geführt wird, verharrt der Mensch kurz in seiner Position und wedelt mit der Fahrpeitsche langsam von untern nach oben im rechten Winkel zu seiner Körpervorderseite. Das Pferd wird nun auf die neue Hand wechseln. Kommt es dem Menschen dabei nach dessen Einschätzung zu nahe, kann er korrigierend in diesem Augenblick einen Schritt auf das Pferd zumachen und aufstampfen, um dem Pferd zu signalisieren, dass es die Individualdistanz des Menschen unterschritten hat. Nun bleibt der Mensch so lange an seinem Punkt stehen, bis das Pferd mit seiner Schulter an ihm vorbeigegangen ist, so dass er wieder im 90-Grad-Winkel mit seiner Peitsche hinter der Schweifrübe positioniert ist und dann seine Vorwärts-Seitwärts-Bewegung mit kreuzenden Schritten wieder aufnimmt.

Klappt der Handwechsel am Zaun flüssig in beide Richtungen, bewegt der Mensch sich dabei in kleinen Schritten weiter vom Zaun weg, bis er diese Technik auf freier Fläche beherrscht.

Wichtig
Der Handwechsel an sich stellt noch kein Schulungselement dar. Er ist vielmehr Voraussetzung, um Pferde gezielt auf beiden Händen schulen zu können.

HINWEIS: Unsere Erfahrung mit sehr vielen Pferden verschiedener Rassen zeigt, dass die allermeisten Pferde sich leichter und lieber linksherum biegen als nach rechts. Es gibt unterschiedliche Theorien, warum das so ist. An deren Verbreitung möchten wir uns hier nicht beteiligen, auf jeden Fall ist es so. Praktisch bedeutet das, dass sich die linksseitige Muskulatur des Pferdes gut kontrahieren kann. Dadurch ist sie in den meisten Fällen verkürzt. Die Muskulatur an der rechten Seite des Pferdes dagegen kann sich gut dehnen. Soll das Pferd sich nun nach rechts biegen, muss die verkürzte Muskulatur an der linken Seite sich dehnen, was dem Pferd schwer fällt und unangenehm ist. Die meistens gedehnte Muskulatur auf der rechten Seite muss sich verkürzen, was dem Pferd auch schwer fällt. Es wird jedermann einleuchten, dass hier durch Training ein Ausgleich geschaffen werden muss. In der Praxis beobachten wir oft das Gegenteil. Das Pferd hat seine Schokoladenseite, und der Mensch entwickelt diese bald ebenfalls auf der gleichen Seite. Hier ist ein bewusstes und planvolles Arbeiten angesagt. Wir selber beginnen mit dem Training auf der rechten Hand, wechseln dann nach links und trainieren zum Schluss noch einmal die rechte Seite. So erreichen wir im Laufe der Zeit einen Ausgleich der ehemaligen Linkshändigkeit mit einer ausgeglichenen Muskelentwicklung und einer neutralisierten Körperkoordination.

Die Phasen des Handwechsels

1

2

3

4

5

6

Bewegung des Pferdes beim Handwechsel

Der angedeutete Handwechsel (Handwechsel ohne die Hand zu wechseln)

Pferde, die erleben, dass der Mensch das Grundvokabular von Pferdisch erlernt, entwickeln sehr schnell einen stereotypen Automatismus, mit dem sie die für sie sehr einfachen Grundtechniken absolvieren und dabei den Autopiloten einschalten. Der Mensch kämpft mit Schrittfolge, Position zum Pferd, Feinmotorik, versucht Seil und Peitsche zu koordinieren. Derweil läuft das Pferd wie ferngesteuert brav seine Kreise und Handwechsel. Bedingt durch diesen entstehenden Automatismus bekommt das Pferd sehr schnell die Oberhand gegenüber dem Menschen, weil seine Leistungskapazitäten kaum ausgeschöpft werden, während der Mensch bis zum Anschlag gefordert ist. Aus diesem Grund führen wir als Respekt fordernde Maßnahme, als »Hallo wach« – Effekt den angedeuteten Handwechsel durch.

Wir leiten den Handwechsel wie beschrieben ein. In dem Moment, wo wir normalerweise die Peitsche wechseln würden, das heißt, wenn das Pferd bereits auf uns zugeht und bereit ist, auf die andere Hand zu wechseln, schicke ich das Pferd mit einem deutlichen Peitschenimpuls von unten nach oben wieder auf seine alte Kreisbahn zurück, indem ich von schräg vorne auf die Schulter des Pferdes zugehe.

Jeder, der diese Technik durchführt, wird einen unwirschen Blick seitens des Pferdes ernten und eine deutliche Bekundung erleben, wie es aus Sicht des Pferdes um das Respekts- und Vertrauensverhältnis bestellt ist. Reagiert das Pferd dabei aufmüpfig, das kann durch Wegspringen, Stehen bleiben, Steigen oder Bocken begleitet werden, dann dokumentiert das Pferd dadurch nur, dass es den Autopiloten eingeschaltet hatte, keineswegs an meinen Hilfen steht, sich auch nicht großartig dafür interessiert und dass es mein Ansinnen plötzlich und unerwartet einen Lastwechsel nach außen zu vollziehen, als unwillkommene Störung empfindet.

Ist das der Fall, gehe ich zurück in den »Sandkasten« und arbeite daran, dass das Pferd in alle Richtungen vor mir willig weicht. Da das Pferd den chronologischen Aufbau meiner Arbeit erlebt hat, weiß es augenblicklich, worum es mir dabei geht. Führe ich meine Schritte ruhig, bestimmt und konsequent durch, wird das Pferd sehr bald seine volle Aufmerksamkeit darauf richten, was ich von ihm möchte.

Wichtig
Auch den angedeuteten Handwechsel darf ich nicht exerzieren oder überstrapazieren, er verbraucht sich.

Mit korrigierenden Techniken muss ich äußerst bedacht und sparsam umgehen.

Die Figur Acht

Meine Handwechsel haben bisher mehr oder weniger elegant und gleichmäßig irgendwo im freien Raum stattgefunden, wo sie sich gerade angeboten haben. Nun wollen wir eine erste gezielte Einwirkung zu Schulungszwecken vornehmen. Dazu stelle ich mir zwei Pylonen im Abstand von sechs bis acht Metern mitten in mein Arbeitsfeld. Ich lasse das Pferd zunächst um die eine Pylone einen

Die Figur Acht

1

Die Figur Acht

2

3

4

5

Die Figur Acht

6

7

8

Die Phasen der Figur Acht

Kreis laufen. Ich bewege mich eng um diese Pylone herum. Dabei spiele ich mit der Seillänge, so dass der Kreis mal größer, mal kleiner wird. Das Pferd beginnt nun bald, sich an der Pylone als Kreismittelpunkt zu orientieren und erkennt einen Sinn im Laufen eines Kreises. Nach einigen Runden fordere ich einen Handwechsel und vollziehe das Gleiche auf der anderen Hand um die andere Pylone herum.

Wichtig
Pferde können etwas, das sie auf der einen Hand erlernt haben, nicht auf die andere Hand übertragen. Sie müssen es auf beiden Händen separat und neu erlernen.

Hat sich das Pferd die Kreisflächen um beide Pylonen von seiner Orientierung her erschlossen, lasse ich es nun eine Acht gehen. Dabei bewege ich mich ausschließlich auf einer geraden Linie zwischen beiden Pylonen hin und her, und zwar jeweils nur rückwärts gehend. Meine Körpersprache ist dann vom Ausdruck her perfekt, wenn ich flüssig das Pferd zwischen den Pylonen auf der Geraden von einer Hand auf die andere wechseln lassen kann, und zwar in beide Richtungen. Dabei mache ich selbst maximal nur noch 3–4 Schritte rückwärts, um die jeweiligen Handwechsel durchzuführen.

Um den Schwierigkeitsgrad zu erhöhen, kann ich zusätzlich mit der Seillänge variieren und den Abstand der Pylonen zueinander verringern. Hierbei erziele ich bereits erste kleine Gymnastizierungseffekte, denn das Pferd muss sich abwechselnd nach rechts und nach links biegen. Dabei ist zu bemerken, dass das Pferd in diesem Stadium noch sehr viele Ausweich- und Kompensationsmöglichkeiten besitzt, die kontraproduktiv sein können:

- Es kann die innere Schulter fallen lassen und in den Kreis drängen.
- Es kann über die äußere Schulter aus dem Kreis schieben.
- Das Gleiche gilt für die Hüfte.
- Es kann mit Hals und Kopf in Außenstellung laufen.
- Es kann insgesamt hohl gebogen nach außen laufen.
- Es kann sein Gewicht vermehrt auf die Vorhand verlagern.
- Es kann davonstürmen und mir das Seil aus den Händen ziehen.

Ich sollte die Einwirkungsmöglichkeiten zu Schulungszwecken in diesem Stadium nicht überbewerten. Die Figur Acht ist immer noch in erster Linie ein Schulungselement für mich, um meine Motorik und meine Ausdrucksform zu schulen. Ich kann mich hinsichtlich einer flüssigen und geschmeidigen Bewegungsfähigkeit trainieren.

In vielen Pferdebüchern haben wir gelesen, dass das Pferd nur durch ständige Konditionierung und viele Wiederholungen lernt. Das können wir nicht bestätigen. Nach unserer Erfahrung verinnerlicht ein Pferd den Lernstoff sehr schnell, wenn es nicht durch Umweltreize abgelenkt ist, wenn es den Menschen respektiert und ihm vertraut und wenn es in der Lage ist, den anstehenden Ausbildungsschritt mit dem bereits Gelernten in Beziehung zu setzen. Mehrere tausend Trainingseinheiten mit Menschen haben dagegen unsere Überzeugung verfestigt, dass der Mensch erst durch viele Wiederholungen lernt.

Faule Pferde fleißig machen

In vielen Ausbildungssituationen hat sich für uns immer wieder unsere Grundauffassung bestätigt:

Das Pferd ist Spiegel seines Besitzers.

Hier könnten wir auch sagen, wie ich in den Wald hineinrufe, so schallt es heraus, oder vielleicht noch treffender: Was ich säe, werde ich ernten. Gerade bei der Beweglichkeit eines Pferdes und seiner Motivation dazu besteht ein weit verbreitetes Missverständnis zwischen Mensch und Pferd, das oftmals sehr deutliche Emotionen bei uns auslöst. So werden Pferde landläufig bzgl. ihrer Bewegungsfähigkeit in Kategorien eingeteilt. Somit werden sie in Schubladen gesteckt. Beispielsweise hat der weit verbreitete Haflinger das Image, träge, faul und dickfellig zu sein. Wir haben jedoch Haflinger am Boden und unter dem Sattel gearbeitet, die den allerbesten Dressurpferden, die wir je geritten haben, in nichts nachstanden. Sie waren grazil, geschmeidig, haben kraftvoll aus der Hinterhand heraus gearbeitet. Sie waren motiviert, jeden kleinsten Impuls augenblicklich umzusetzen. Im Gegenzug dazu haben wir teuerste Dressurpferde mit edelsten Abstammungen erlebt, die ohne Sporen und Gerte im wahrsten Sinne des Wortes nicht mehr vorwärts zu bewegen waren.

Diese Einleitung dient dem Zweck, ein für alle Mal mit Vorurteilen und Schubladendenken gegenüber Pferden aufzuräumen. Natürlich hat jede Rasse ihre Grundmentalität, ihr körperliches und mentales Vermögen, welches durch oft jahrzehntelange selektive Zucht gezielt herausgearbeitet wurde. Genauso, wie es nicht *den* Deutschen, *den* Amerikaner oder *den* Japaner gibt, so gibt es auch nicht den Trakehner, *den* Vollblutaraber oder *den* Isländer.

Pferde besitzen eine individuelle Persönlichkeit, so wie wir Menschen auch. Jedes Pferd, das wir getroffen haben – es waren viele Pferde verschiedener Rassen in verschiedenen Ländern – hatte ein individuelles Potential, das in seiner Vollkommenheit selten von seinen Reitern abgefragt wurde.

Wenn ich ein »faules« Pferd habe, dann kann ich, wenn ich es möchte, in diesen Spiegel hineinsehen und etwas über mich lernen. In unseren Seminaren hat sich dazu der Begriff »aus dem Quark kommen« geprägt. Wenn ich im Umgang mit dem Pferd eher bewegungsarm, müde und anspruchslos bin, dann wird sich das Pferd über kurz oder lang mir anpassen, mich spiegeln. Wenn ich bewegungsarm ein Pferd reite, werde ich ihm nach sehr kurzer Zeit jeden Schwung nehmen. Wir brauchen uns nur vorstellen, wir würden mit einer Partnerin oder einem Partner tanzen, der oder die »nicht aus dem Quark kommt«. So ist es mit dem Pferd auch. Ein Pferd, das Bewegungsanreize erhält, wird sich grundsätzlich freudig und mit Spaß bewegen, sofern das nicht mit Schmerzen oder mit mentalem Exerzieren verbunden ist und dadurch die Bewegungsfreude gehemmt wird.

Wenn ich den Umgang mit dem Pferd interessant und abwechslungsreich gestalte, wird sich das Pferd seiner Natur gemäß freudig und motiviert bewegen. Die Bewegungsanreize sind hierbei das Schlüsselwort.

Haben wir nun ein so genanntes faules Pferd, dann gilt es das zu korrigieren. Wir verfahren dabei so, dass wir das Pferd auf ein Neues durch Imitation lernen lassen. Zunächst mache ich das Pferd durch kleinste Bewegungen, das heißt ein oder zwei Schritte in alle vier Richtungen, sensibel. Folgt das Pferd diesen Impulsen spontan und willig, führe ich das Pferd, wobei ich selber möglichst lange gleichmäßige Schritte mache und dabei mein Gewicht so nach vorne verlagere, dass ich über meine Fußspitze abrolle. Das Pferd lernt dadurch sehr schnell mit ebenso langen kraftvollen Schritten zu folgen. Sehr viele Menschen gehen im Umgang mit ihren Pferden in der Form, dass sie den größten Teil ihres eigenen Gewichtes jeweils auf die Ferse verlagern. Dadurch strahlen sie eine eher kraftlose Bewegung ohne Vorwärtsschub aus. Da der Athlet Pferd unsere Körpersprache imitiert, müssen wir es lernen, schwung- und kraftvoll vorwärts zu schreiten.

Es ist uns ein Bedürfnis, die Wichtigkeit dieser Aussage besonders hervorzuheben, denn in vielen Schulungssituationen haben wir die Erfahrung gemacht, dass dieses Bewegungselement zu wenig Beachtung findet.

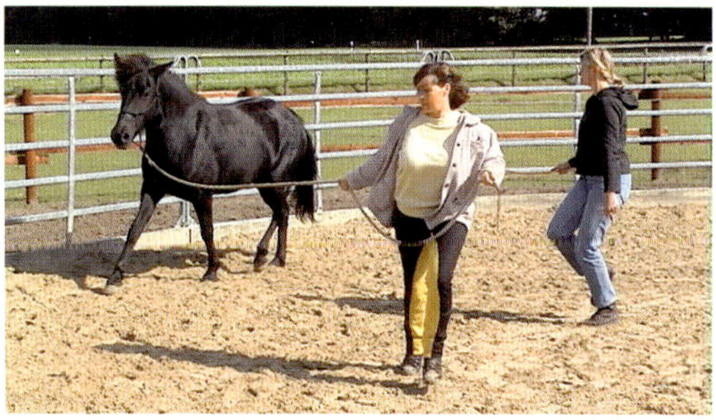

Hier ist einer in der Leitstuten-, der andere in der Leithengstposition, um das Pferd zu motivieren.

Während ich das Pferd so führe, bleibt meine mit der Handfläche nach oben gewandte Führhand, deren Daumen das durchhängende Führseil hält, hinter meiner Schulter zurück. Diese Hand ist es, die das Pferd führt, nicht das Seil! Folgt mir das Pferd zügig am durchhängenden Seil, lasse ich das Pferd antraben, indem ich meinen Körperschwerpunkt wieder auf die Fußspitzen bringe und meine Knie dabei im Zweitakt ausdrucksstark abwechselnd nach oben ziehe. Dabei gehe ich nur soviel vorwärts, dass das Führseil keinen Dauerzug erhält. Bleibt mein Pferd störrisch zurück, lasse ich mir von einer zweiten Person, die sich einige Meter weiter seitlich und hinter dem Pferd befindet, durch einen Impuls mit der Fahrpeitsche (Impuls von unten nach oben) helfen, damit das Pferd mit mir antrabt. Trabt das Pferd, gehe ich sofort wieder Schritt. Nicht die Länge der Trabphasen ist hierbei entscheidend, sondern der ständige Wechsel zwischen schnellem Trab, langsamen Trab und Schritt. Wechsele ich vom schnellen Trab auf einen langsamen Trab, muss das Pferd sich in der Abbremsphase stark versammeln. Dadurch könnte es geneigt sein, in den Schritt zu fallen. Ich stimuliere das Pferd körpersprachlich im Trab zu bleiben, indem ich meine Knie deutlich abwechselnd nach oben ziehe.

Nach fünf bis sechs Wiederholungen dürfte die helfende Person mit der Fahrpeitsche überflüssig sein. Das Pferd wird willig und motiviert auf kleinste Körperimpulse hin Gangart und Tempo ändern. Nimmt das Pferd diese Impulse willig an, kommt der nächste Schritt. Ich ermögliche dem Pferd die Erfahrung, wieder ungehemmt vorwärts zu gehen, so wie es seiner Natur entspricht. Damit meinen wir, dass es im Schritt, je nach Rasse, mit den Hinterhufen deutlich über die Spur der Vorderhufe tritt und dass es im Trab seine maximal mögliche Trittlänge geht: Das bedeutet, dass es mit den Hinterhufen exakt in die Spur der Vorderhufe tritt.

Ich erreiche das z.B., indem ich längere Strecken mit dem Pferd zusammen in einem sehr zügigen Tempo laufe. Da das für den Menschen anstrengend ist, kann ich mich im fliegenden Wechsel mit einer zweiten Person abwechseln, wobei jeweils einer von der Kreismitte aus mit der Fahrpeitsche treibend unterstützt. Eine andere Möglichkeit, die wir gerne nutzen, um Pferde sich wieder frei laufen zu lassen, sind Ausritte mit einem lauffreudigen Pferd, wobei das zu korrigierende Pferd als Handpferd mitgeführt wird. Lange Schritt- und Trabpassagen in abwechslungsreichem Gelände wirken hier Wunder. Insbesondere wenn Hügel das Pferd immer wieder veranlassen, kraftvoll tief unter seinen eigenen Schwerpunkt zu treten, die Rückenmuskulatur zu entspannen und die Hanken zu beugen. Das Ganze darf nicht in Exerzieren und Schinderei ausarten. Das wäre kontraproduktiv.

Wichtig
Jedes Treiben des Pferdes, sei es mit der Peitsche am Boden oder mit Sporen und Gerte unter dem Sattel, bewirkt genau das Gegenteil. Das Pferd wird immer fauler.

Meine Bewegungsreize müssen abwechslungsreich, interessant und aus der Führposition (Leitstute) heraus erfolgen. Wir möchten hierbei nochmals darauf hinweisen, dass es auch ein Respektproblem sein kann, wenn das Pferd nicht vorwärts geht. Ein Pferd, das willig in alle Richtungen weicht, muss ich nicht treiben.

Wenn das Pferd schließlich aus der Führposition willig und schwungvoll vorwärts geht, übernehme ich wieder die treibende Grundposition des Leithengstes mit dem 90-Grad-Winkel. Stelle ich fest, dass das vorher schwungvoll folgende Pferd nun wieder träge latscht, kennzeichnet das eindeutig ein Respektproblem. In dem Fall gehe ich im Training wieder einen Schritt zurück und korrigiere das Respektverhältnis unter Berücksichtigung der Gleichwertigkeit der Vertrauensbeziehung. Würde ich jetzt Druck machen, indem ich das Pferd z.B. schlage, würde das zu Lasten des Vertrauens gehen.

Manchmal erleben wir in Seminaren, dass das Pferd bei allen Seminarteilnehmern aus der treibenden Hengstposition zügig vorwärts geht, nur nicht bei seinem Besitzer. Damit bekundet das Pferd, manchmal sogar penetrant, dass es diesen Besitzer nicht ernst nimmt. In diesem Fall, nur in diesem Fall, sollte der Besitzer eine zweite Person hinzuziehen, die mit der Fahrpeitsche den 90-Grad-Winkel aufrecht hält und dem Pferd mit der Lederlatsche des Arbeitsseils durch einen kräftigen Klatsch auf die innere Hinterhand verdeutlichen, dass er von jetzt an nicht nur Mister und Futterknecht ist, sondern ein ernst zu nehmender Partner. Mit einer ernsthaften Haltung durchgeführt, bewirkt diese einmalige Korrektur, dass das Pferd nun auch seinen Besitzer ernst nimmt. Es muss eine einmalige Sache bleiben. Auf keinen Fall darf dies zur Technik werden, um ein faules Pferd anzutreiben. Der Schuss würde garantiert nach hinten losgehen, indem das Pferd renitent widersetzlich oder ängstlich würde.

Um noch mal die Ausnahmesituation dieser Handlungsweise zu verdeutlichen, möchten wir betonen, dass in unserem Seminarbetrieb im vergangenen Jahr bei zwei Pferden diese Technik erforderlich war. Bei dem falschen Pferd oder in der falschen Situation eingesetzt, würde diese Verhaltensweise das Vertrauen des Pferdes nachhaltig erschüttern. Von daher würden wir im Zweifelsfall immer dazu raten, sie durch die Techniken zu ersetzen, die wir durchführen, um faule Pferde fleißig zu machen.

Uns ist bewusst, dass die beschriebene Korrektur im Widerspruch zu unserer Arbeitsweise steht. Die Korrektur eines Pferdes und darum geht es hier, erfordert es oftmals, dass ein bestehender Zustand erst noch verschlimmert werden muss, ehe er schließlich geändert werden kann. In unserem ersten Buch[1] sind wir näher darauf eingegangen.

Wichtig
Ein Touchieren mit der Lederlatsche ist kein Ausbildungsmittel und keine treibende Hilfe.

Das Treiben des Pferdes mit Techniken zum Versammeln werden wir im nächsten Kapitel erklären.

Hektische Pferde beruhigen

Auch hierbei ist das Pferd wieder Spiegel des Besitzers. Araber sind nach unserer Erfahrung nicht nervös und hibbelig, weil sie Araber sind, sondern weil sehr oft Menschen diese Rasse favorisieren, die eher verkopft, eher hektisch sind und selten im Hier und Jetzt ruhen. Die gleichen hektischen Verhaltensweisen haben wir auch bei Vertretern aller anderen Pferderassen erlebt. Den Araber haben wir hier herausgehoben, da er im Vergleich zum Haflinger landläufig in die gegenteilige Schublade gesteckt wird. Wir haben viele Araber ausgebildet oder korrigiert. Sie haben danach die

1 *Siehe Anhang*

Die Spannung rausnehmen.

gleiche innere Ruhe und Gelassenheit an den Tag gelegt wie Quarter Horses oder andere Pferderassen ohne Vollblutanteil.

Unsere Empfehlung lautet: Ein eher ruhiger Mensch wird mit einem eher lebhaften Pferd, ein eher unruhiger Mensch mit einem ruhigen, gelassenen Pferd glücklich. Ein unruhiger Mensch mit einem unruhigen Pferd ist eine Konstellation, die bald beide »am Rad drehen« lassen wird. Ein ruhiger Mensch mit einem ruhigen Pferd dagegen ist eine Konstellation, die beide kaum »aus dem Quark kommen« lassen wird. Als Vergleich können wir hier die Partnerschaft zwischen Menschen heranziehen. Dort verhält es sich ähnlich.

Möchte ich ein nervöses, hektisches Pferd korrigieren, muss ich mich zunächst von der Vorstellung befreien, dass diese Reaktions-Phänomene auf mangelndes Vertrauen oder gar Angst zurückzuführen sind. Das kann natürlich im Einzelfall sein. Meistens ist diese Verhaltensweise ebenso auf ein Respektproblem zurückzuführen, wie die des dickfelligen, faulen Pferdes. Es gehört viel Erfahrung dazu, die oftmals gleichen Symptome von Respektlosigkeit oder mangelndem Vertrauen sicher zuordnen zu können.

Uns ist erst in der Arbeit mit wildlebenden Pferden in Südamerika, die zuvor keinen Menschenkontakt hatten, der Unterschied richtig deutlich geworden. Dieses Gefühl und die Erfahrung lassen sich in einem Buch nicht vermitteln. Wir selber gehen in der Korrektur von Pferden solange von einem Angstproblem aus, bis das Pferd uns vom Gegenteil überzeugt, indem es sich respektlos verhält. Dann schalten wir um und setzen dem sich hektisch entziehenden Pferd klare und konsequente Grenzen. Mit ängstlichen Pferden arbeiten wir aus der Leitstutenposition heraus. Mit respektlosen Pferden nehmen wir die treibende Position des Leithengstes ein. Bin ich in der Leitstutenposition und das geführte Pferd überschreitet meine Grenzen (Respektlosigkeit), muss ich meine Position augenblicklich wechseln.

Wichtig
In Deutschland erleben wir, dass selbst populäre Trainer offensichtliches respektloses Verhalten von Pferden als Angstproblem deklarieren.

Das ist fatal, denn wenn ich ein Angstproblem mit Respekt erzeugenden Maßnahmen korrigiere, bekomme ich einen »Angstneurotiker«. Wenn ich ein respektloses Pferd mit vertrauensbildenden Maßnahmen korrigiere, erzeuge ich einen »Terroristen«.

Ein hektisches, sich unseren Hilfen entziehendes Pferd arbeiten wir auf kurze Distanz. Wir verkürzen das 3,70 m lange Arbeitsseil auf halbe Länge und rahmen das Pferd aus der 90-Grad-Position somit in Berührungsdistanz überdeutlich ein. Dieser enge Rahmen verdeutlicht dem Pferd, dass es dadurch unter unserer ständigen Kontrolle steht, also wenig Raum erhält, sich uns zu entziehen.

Darauf aufbauend rahmen wir das Bewegungsspektrum ebenso eng ein, indem wir das Pferd ausschließlich Schritt gehen lassen. Jeden Versuch, ungefragt anzutraben, parieren wir augenblicklich, im Idealfall vorausschauend, indem wir uns klein machen und/oder einen kleinen Zugimpuls auf das Führseil geben und/oder die im 90-Grad-Winkel befindliche Peitsche seitlich vor dem Pferd nach vorne schwenken und damit den Bewegungsimpuls hemmen. Reichen diese drei Möglichkeiten nicht, lasse ich das Pferd zusätzlich in unmittelbarer Nähe des Zauns oder der Bande um mich herumgehen, so dass ich diese bauliche Grenze nutzen kann, um das Pferd immer wieder schnellstmöglich durchzuparieren.

Geht das Pferd schließlich ruhig und gelassen am durchhängenden Führseil im Schritt um mich herum, bewege ich mich Kreise gehend mit dem Pferd in dem Trainingsgebiet. Der nächste Schritt besteht darin, die Distanz zu dem Pferd langsam zu vergrößern. Ich mache immer wieder Pausen, in denen ich das Pferd lange Phasen ruhig neben mir stehen lasse. Ich stehe dabei direkt neben dem Kopf, wobei das Pferd mich nicht berühren darf. In diesen Ruhephasen lernt das Pferd. Die Wichtigkeit dieser Breaks kann nicht genug unterstrichen werden.

Steht das Pferd schließlich ruhig neben mir und lässt sich im Kopf- und Halsbereich gelassen von mir streicheln, komme ich zu einem weiteren wichtigen Trainingselement. Ich beginne das Pferd zu desensibilisieren. Hektische unruhige Pferde haben eine permanent angespannte Bewegungsmuskulatur. Ich halte die Fingerspitzen meiner Hand so, als hielte ich einen Tennisball und tippe nun deutlich mit allen Fingern gleichzeitig auf die Muskelpartien von Schulter, Rücken, in die Gurt-/Schenkellage, in die Flanke und in den Bereich der Hinterhand. Dabei lasse ich meine Hand regelrecht abfedern. Ein jeweils deutliches Muskelzucken des Pferdes gibt mir eine Rückmeldung darüber, dass die Muskeln wirklich einen überhöhten Muskeltonus haben. Erst wenn dieses Zucken unterbleibt, zeigt sich mir, dass das Pferd allmählich in einen entspannten Zustand kommt. Das Klopfen des Pferdes ist kein Loben, sondern dient der Desensibilisierung. Es ist zu beachten, dass ich ein Pferd erst reiten kann, dass es erst an meinen Hilfen stehen kann, wenn ich es jederzeit überall berühren kann, ohne dass das beim Pferd Anspannung und Stress auslöst. Wir können der Desensibilisierung solcher Pferde gar nicht zuviel Aufmerksamkeit zukommen lassen.

Die Reduzierung der eigenen Bewegungsreize des Pferdes in einem kontrollierbaren Rahmen und die ausgiebige Desensibilisierung wirken zusammen wahrlich Wunder. Das Pferd, das vorher im Kontakt mit mir förmlich außer sich war, kommt in seine eigene Ruhe und Gelassenheit zurück und wird nun aufnahmefähig für meine körpersprachlichen Signale. Erst wenn ich ein Stadium erreicht habe, dass dieses Pferd sich bei voller Arbeitsseillänge im Schritt vorwärtstreiben lässt, den Handwechsel vollzieht und auf der anderen Hand das Gleiche tut, ohne von sich aus anzutraben, beginne ich mit diesem Pferd die Arbeit im Trab. Höhere Geschwindigkeiten, auch schon im Trab und im Galopp, lösen bei nervösen Pferden schneller den Fluchtimpuls aus als bei ruhigen Pferden. Es ist unumgänglich, nervöse Pferde bei Beginn der Trabarbeit sofort auszubalancieren. Die physische Balance ist mit der mentalen Balance untrennbar verknüpft.

Wichtig
Bei der Korrektur von unruhigen Pferden muss der das Pferd korrigierende Mensch wie ein Fels in der Brandung sein: ruhig, gelassen und beständig.

Baut sich bei mir in der Arbeit mit einem solchen Pferd Spannung, Unruhe oder gar Aggression auf, unterbreche ich augenblicklich die Arbeit, weil ich ansonsten das Verhalten des Pferdes nur noch verschlimmere.

Arbeit ohne äußere Begrenzung

Die äußere Begrenzung gibt dem Pferd und dem Menschen, der mit ihm arbeitet, einen Rahmen. Beide befinden sich damit in einem definierten Setting, was die Aufmerksamkeit automatisch nach innen fokussiert. Neben den praktischen Gesichtspunkten, dass das Pferd sich nur begrenzt nach außen entziehen kann, veranlasst dieses Setting beide Partner dazu, sich mit voller Konzentration miteinander in Beziehung zu setzen. Dabei kann die äußere Begrenzung aus einem Zaun, einem Gitter, einer Bande, einem Roundpen oder auch aus einem mit Plastikstäben und rotweißem Flatterband abgegrenzten Rahmen bestehen.

Arbeite ich in einem runden Setting, wie etwa einem Roundpen, bewirkt das beim Pferd eine sehr starke Konzentration zur Mitte hin, da es sehr schnell merkt, dass es, obwohl es ständig läuft, nirgendwo ankommt. Hier ist es sehr leicht möglich, das Pferd wieder in Schwung und Fluss zu bringen, zugleich aber auch die Aufmerksamkeit des Pferdes auf jede kleinste meiner Aktionen zu fokussieren. Ich muss mir allerdings dessen bewusst sein, dass das Pferd hier ausschließlich auf gebogenen Linien läuft (laufen muss).

Der nächste Schritt führt in ein quadratisches und später in ein rechteckiges Setting. Das quadratische Setting wird in Spanien als Picadero bezeichnet. Es ermöglicht einen ständigen Wechsel von Geraderichten und Biegen des Pferdes. Das begünstigt einerseits eine »Selbstgymnastizierung« des Pferdes, andererseits stellt dies höhere Ansprüche an Respekt und Vertrauen, denn das Pferd kann sich hier in die vier Ecken zurückziehen und den Bewegungsfluss unterbrechen.

Dennoch gibt die äußere Begrenzung immer wieder einen schützenden, sowie einschränkenden Rahmen. Im rechteckigen Setting erhöht sich an zwei Seiten schnell die Distanz zwischen dem Pferd und mir, was sich bei dem Pferd als Veränderung in Schrittlänge und Taktfrequenz, also Geschwindigkeit ausdrückt. An den kurzen Seiten kommt es näher zu mir und verlangsamt sein Tempo, während es an den offenen Seiten seine Distanz und Geschwindigkeit vergrößert. Beim Reiten kennen wir dieses Phänomen, wenn wir in der Halle einen Zirkel reiten und das Pferd an der offenen Seite nach außen drängt und schneller wird.

Fällt schließlich die äußere Begrenzung ganz weg, so zeigt sich sehr schnell, inwieweit das Verhältnis zwischen Mensch und Pferd stabil und zuverlässig ist. Nun entfällt der schützende Rahmen von außen. Zugleich auch die einschränkende Raumbegrenzung. Das Pferd wird nicht mehr mit seiner ganzen Wahrnehmung beim Menschen sein. Vielmehr wird es sich jetzt auch nach außen orientieren, um sich zu schützen und sicher zu fühlen. Umgebungsreize, wie Bewegungen oder Geräusche, erhalten nunmehr eine ganz andere Bedeutung für das Pferd. Ablenkungen drücken sich vermehrt in Unkonzentriertheit und verminderter Sensibilität aus. Gelingt es mir nun jedoch, die Aufmerksamkeit des Pferdes auf mich zu fokussieren, indem ich für das Pferd interessanter bin, als die Umgebung, so ist das ein Zeichen für ein verlässliches und stabiles Respekt- und Vertrauensverhältnis. Ich muss allerdings wesentlich mehr Aufwand betreiben, um die Konzentration meines Pferdes dauerhaft auf mich zu bündeln. Es genügt nun nicht mehr, passiv das Pferd um mich herumlaufen zu lassen, da das bei einem Pferd sehr schnell Langeweile hervorruft.

Es ist nun meine Aufgabe, eine so flüssige Kommunikation mit dem Pferd zu unterhalten, dass dieses im wahrsten Sinne des Wortes alle Hufe voll zu tun hat, um meine Fragen zu beantworten. Gleichzeitig darf ich das Pferd nicht überfordern oder gar exerzieren. Auch das würde bei dem

Pferd nur bewirken, dass es die Tendenz bekommt, sich angeödet von mir und meinen Aktionen abzuwenden und zu distanzieren. Die beste Motivation für Mensch und Pferd besteht darin, etwas von sich aus zu wollen. Die zu bewältigende Aufgabe muss interessant und abwechslungsreich gestaltet sein. Sie darf keine Überforderung darstellen. Sie muss sich gestalten wie ein interessantes Spiel, auf das sich beide Partner freuen. Verliert meine Absicht den spielerischen Charakter, verliere ich damit die Hingabe meines Pferdes.

Die Arbeit ohne äußere Begrenzung stellt hohe Anforderungen an mich als Agierenden. Sie stellt auch einen hohen Anspruch an die Konzentrationsfähigkeit bzw. -willigkeit des Pferdes. Von daher muss diese Arbeit zunächst zeitlich begrenzt und sehr bewusst durchgeführt werden.

Zu bedenken ist, dass das Pferd ohne die äußere Begrenzung die Möglichkeit, manchmal auch die Tendenz dazu hat, herauszufinden, ob es sich mir nun bei Bedarf entziehen kann. Ob ich das zu unterbinden weiß, ist wichtig. Das sich »Nach-außen-Entziehen« gestaltet sich in der Praxis so, dass das Pferd sich mit dem Kopf von mir abwendet, sich nach außen wegdreht. Dadurch entzieht es sich schließlich meinen Impulsen mit dem Arbeitsseil. Ich gerate, wenn ich zudem daran festhalte, in die sehr gefährliche Position direkt hinter dem Pferd. Das Pferd kann ausschlagen und mich dabei lebensgefährlich verletzen.

Wichtig
Ich muss verhindern, in die Position hinter dem Pferd zu kommen.

Die beschriebene Position ist die einzige wirklich gefährliche Situation, in die ich bei der Pferdisch Bodenarbeit kommen kann. Wir legen in unseren Schulungen ein besonderes Augenmerk darauf, diese Situation in ihrem Entstehen zu erkennen und mit Notfallübungen augenblicklich neue Aktionen zu setzen, um die Situation wieder in einen sicheren Bereich zurückzuführen. Diese Notfallübungen müssen solide eintrainiert werden. Auf diese Weise kann in einer Gefahrensituation instinktiv (wie im Schlaf) reagiert werden.

Wendet das Pferd sich in der beschriebenen Weise von mir ab, obwohl ich das Arbeitsseil in der Hand halte, so bedeutet das dem Menschen gegenüber eine gröbste Respektlosigkeit. Das Pferd fühlt sich in dem Moment in der Rangordnung über dem Menschen stehend. Halte ich nun das Seil fest, und das Pferd zieht mich hinter sich her, so ist das gleichzusetzen mit einem Kampf. Das Pferd wird instinktiv die Mittel einsetzen, die es zur Verfügung hat, um einen lästigen Verfolger loszuwerden. In diesem Fall ist dies seine Hinterhand. Der Mensch, der an dem Seil zieht und sich förmlich dagegenstemmt, ist in dem Augenblick in seiner gesamten Muskulatur angespannt, so dass er nicht in der Lage ist, in einer Gefahrensituation motorisch adäquat zu agieren. Er wird wie erstarrt der Aktion des Pferdes ausgeliefert sein.

Die beschriebene Situation, in der sich das Pferd nach außen abwendet, um sich dem Menschen zu entziehen, erlernen viele Pferde bei dem Versuch, sie in Pferdeanhänger zu verladen. Hier gehen Pferde oftmals bis auf die Klappe, wenden sich blitzschnell nach außen ab, ziehen dem Menschen das Seil aus der Hand und laufen davon. Ist diese Möglichkeit, sich dem Menschen in Angst einflößenden oder unbequemen Situationen zu entziehen, erst einmal etabliert, kann und wird das Pferd, sofern es respektlos gegenüber dem Menschen ist, diese Verhaltensweise auch in anderen Situationen nutzen.

Die Notfallübung ist keine Technik, um das Pferd zu schulen, sondern eine Selbstverteidigung. Mit der Intention sollte sie auch in absoluter

Entschlossenheit und Konsequenz so frühzeitig wie möglich ausgeführt werden. Wir stellen uns vor, dass das Pferd auf der linken Hand auf einem Zirkel um uns herumläuft. In dem Moment, wo es beginnt, sich nach außen abzuwenden, hänge ich mich voll in das Arbeitsseil, indem ich mich nach hinten lehne und den Kopf des Pferdes mit Nachdruck wieder zu mir ziehe. Dadurch wendet sich das Pferd, überrascht von meiner Aktion, wieder mir zu. Sofort drehe ich die Bewegungsrichtung um und stürme nun wild gestikulierend auf das Pferd zu, bis dieses wiederum überrascht einige Schritte zurückweicht. Danach mache ich eine Pause und lobe das Pferd, da es gewichen ist. Ich bleibe längere Zeit still und entspannt stehen, um das Erlebte bei dem Pferd zu verankern. Diese Übung hat, wenn sie rechtzeitig und konsequent durchgeführt wird, eine sehr starke Wirkung bei dem Pferd. Quasi wird hier der Agierende zum Reagierenden, der Verfolger zum Verfolgten und das in kurzer Abfolge nacheinander.

Wichtig ist, dass die Notfallübung zwar entschlossen und konsequent, aber ohne Aggression und Jähzorn durchgeführt wird. Ansonsten schaffe ich bei dem Pferd durch diese Übung wieder eine Kampfassoziation, die mein Verhältnis ungünstig beeinflussen würde. Meine Intention ist, dass ich dem Pferd liebevolle, aber entschieden Grenzen setze, ihm einen Rahmen gebe, auch wenn die baulichen Gegebenheiten eine äußere Begrenzung nicht hergeben.

Ist es für die beschriebene Notfallübung schon zu spät, hat sich das Pferd schon zu weit abgewendet, als dass ich es noch herumziehen könnte, dann gibt es noch eine zweite Stufe, diese gefährliche Situation zu bewältigen. Ich bringe das Seil auf Zug, indem ich mich zurücklehne, führe die Peitsche ausholend halbkreisförmig unter dem Seil her nach vorne und haue dem Pferd vor die mir zugewandte Hinterhand. Dieser plötzliche Impuls bei gleichzeitigem Zug auf das Seil wird das Pferd veranlassen, die Hinterhand von diesem Impuls wegzudrehen (nach außen), was die Vorhand zugleich wieder in meine Richtung bringt. Dann lasse ich das Pferd wie beschrieben zurückweichen mache eine Pause und lobe es.

Es ist verständlich, dass eine solche Notfalltechnik und der damit verbundene Schreck Adrenalin bei mir freisetzt. Es ist eine Schulung meiner Persönlichkeit, nun nicht wütend und jähzornig gegenüber dem Pferd zu werden. Unmittelbar nach dem Zurückweichen, nehme ich die Anspannung aus meinem Körper und gestalte den Break und die Lobesituation so entspannt wie möglich. Das Pferd wird veranlasst, auch entspannt zu sein und in der Pause dauerhaft realisieren, dass ich eine deutliche Grenze setze, wenn das Pferd versucht, sich mir in dieser Form zu entziehen.

Ist es auch für diese Technik schon zu spät, dann lasse ich das Seil los und lasse das Pferd laufen. Ein weiteres Festhalten und Kämpfen wäre unverantwortlich und gefährlich.

Die beschriebenen Notfalltechniken stellen bereits eine sehr starke Korrektur des Verhaltens meines Pferdes dar. Es sollte in meinem Interesse liegen, eine solche Situation erst gar nicht aufkommen zu lassen und sie im Keim zu unterbinden. Von daher arbeite ich erst ohne äußere Begrenzung, wenn ich das Gefühl habe, dass das Respekts- und Vertrauensverhältnis zwischen meinem Pferd und mir wirklich stabil ist.

Die Steigerung der Arbeit ohne äußere Begrenzung ist schließlich die Freiarbeit mit dem Pferd ohne Seil. Führt es dabei alle von mir initiierten Bewegungen motiviert, flüssig und einem in Hingabe mir zugewandtem Kopf aus, dann kann ich wirklich für mich in Anspruch nehmen, dass ich für das Pferd zu einer Autorität und einem wirklichen

Partner herangewachsen bin. Wer einmal erlebt hat, dass sein Pferd ihm auf beinahe unsichtbare Impulse, sozusagen Gedanken, ohne Zögern in schwungvollen, flüssigen, grazilen Bewegungen folgt, der wird ein Glücksgefühl haben, das wir alle uns in der angestrebten Harmonie mit unserem Partner Pferd ersehnen. Es ist ein Entwicklungsweg dahin, der persönliches Wachstum, Integrität und Ehrlichkeit, gegenseitigen Respekt und gegenseitiges Vertrauen voraussetzt. Die beschriebenen Qualitäten ermöglichen nicht nur einen beglückenden und partnerschaftlichen Umgang mit dem Pferd, sondern auch mit anderen Menschen.

Ein ausgewogenes Verhältnis zwischen Respekt und Vertrauen dem Menschen gegenüber bezeichnen wir als *mentale Balance*. Die mentale Balance ist die Voraussetzung, um das Pferd hinsichtlich der physischen Balance, die wir im nächsten Kapitel beschreiben, schulen zu können. Es ist nach unserer Erfahrung nicht möglich, dass das Pferd die physische Balance beibehält, wenn es die mentale Balance verliert. So wie ein Spitzensportler nicht permanent seine Topform halten kann, so ist ein ausgewogenes Respekts- und Vertrauensverhältnis – einmal etabliert – nicht lebenslang festgeschrieben. Vielmehr ist es ein lebenslanges Bemühen des Menschen, die mentale Balance seines Pferdes herzustellen, zu korrigieren und zu erhalten. In wirklich allen Fällen, in denen wir tätig geworden sind und wo es zu Problemen zwischen Mensch und Pferd gekommen ist, waren die zu beseitigenden Defizite im Bereich der mentalen und physischen Balance angesiedelt. Die Defizite in diesen Bereichen waren die Ursache, und die Wirkung stellte sich ganz unterschiedlich entweder in extremer Dickfelligkeit oder aggressivster Widersetzlichkeit dar. All diese Auswirkungen, so unterschiedlich sie sich auch gestalten mögen, haben wir mit Hilfe der Bodenarbeit korrigiert. Zuerst haben wir das Respekts- und Vertrauensverhältnis (mentale Balance) hergestellt, dann erst die physische Balance. Ist beides gegeben, kann jedermann mit seinem Pferd am Boden und unter dem Sattel, aber auch vor der Kutsche am seidenen Faden umgehen. Am seidenen Faden bedeutet ohne Kraft, ohne Zwang, ohne Druck, ohne Aggressivität, ohne Angst. Die Umgangsprinzipien, die ich in meinem angestammten Element, also am Boden etabliere, kann ich später im Sattel oder vom Kutschbock aus in gleicher Form abrufen. Ein zusätzlicher Vorteil der Arbeit vom Boden aus besteht darin, dass das Pferd im überwiegenden Teil seiner Schulung gebisslos gearbeitet wird, also im Maul nicht stumpf wird. Bekommt das Pferd schließlich ein Gebiss ins Maul, muss ich daran nicht mehr ziehen, um beim Pferd Respekt einzufordern, sondern ich kann mit dem Pferd mit Zugimpulsen (Paraden) im Grammbereich kommunizieren.

Mentale Balance

5. Die Schulung des Pferdes in seiner Balance und seine Gymnastizierung

Gun Smoke Jessie (»Spacki«)

Das Pferd verfügt von Geburt an über eine perfekte Balance – für sich alleine, ohne Gewicht auf seinem Rücken. In freier Selbsthaltung hat es viele Möglichkeiten, sich in unterschiedlichsten Bewegungssituationen zu stabilisieren und auszubalancieren:

- Es kann Kopf und Hals nach außen drehen.
- Es kann in Kurven mit der Schulter nach innen oder außen gehen, das Gleiche gilt für die Hüfte.
- Es kann hohl gebogen nach innen oder außen gehen, es kann in sich verdreht gehen.

Das Pferd ist sehr wohl in der Lage, jederzeit für sich zu sorgen und seine Bewegungen adäquat den jeweiligen Anforderungen anzupassen. Das genügt, bis der Mensch ins Spiel kommt und dieses Pferd beispielsweise als Reittier nutzen möchte. Der Mensch stellt, selbst wenn er ein geschickter Reiter ist, ein »Handicap« für das Pferd dar. Er behindert das Pferd in seiner Bewegung, er belastet das Pferd, er fixiert das Pferd und schränkt es damit in seinen Bewegungsmöglichkeiten ein. Das Pferd muss lernen, das »Handicap« Mensch zu kompensieren. Das geschieht tagtäglich in allen Reitweisen, in allen Disziplinen und Wettbewerben bis hin zur Olympiade.

Der Reiter schränkt immer wieder die Bewegungsmöglichkeiten des Pferdes stark ein. Das kann sich in Knieschluss, Festklammern und der Ausübung von Druck über den Rücken ausdrücken. Aber auch das Festhalten des Pferdes mit den Zügeln mit enormen Zugkräften gehört dazu, gar nicht zu reden von weiteren Einengungen durch Ausbinder und alle Arten von Hilfszügeln. Und alles, was dem Pferd Schmerzen zufügt, also der Einsatz von scharfen Gebissen, Sporen und Gerte, wirkt sich auf jeden Fall kontraproduktiv aus. Das Reiten ist in unserer Zeit nicht selten zu einer für das Pferd unangenehmen, schmerzhaften und zum Teil qualvollen Interaktionen geworden. Hier ist nach unserer Meinung eine verstandesmäßige Bestandsaufnahme, ungeschminktes Hinschauen und die Übernahme von Verantwortung gegenüber dem Pferd erforderlich.

In der Praxis der herkömmlichen Reiterei existiert sehr viel Spannung. Spannung im Körper des Pferdes, im Körper des Reiters und andauernde Anspannung in der Interaktion zwischen beiden. Spannung neigt dazu, sich zu entladen. Genau das macht das Reiten oftmals unbequem, unerfreulich und gefährlich. Will ich vermeiden, dass sich diese Spannung aufbaut, so muss ich neue Wege beschreiten, um es dem Pferd zu ermöglichen, den Reiter entspannt zu tragen und die von ihm gewünschten Bewegungen ausführen zu können.

Was wir damit zum Ausdruck bringen wollen, sind nicht nur ethische oder moralische Aspekte, sondern es geht hier auch um physikalisch nachvollziehbare Prinzipien, von Kräften und Lastwechseln. Diese physikalischen Prinzipien, die wohl niemand, der sich ernsthaft damit auseinander setzt, widerlegen oder negieren kann, durchziehen die gesamte Reiterei. Wir wollen hier beginnen, sie losgelöst vom Reiter in der Bewegung des Pferdes in freier Selbsthaltung zu erklären und nachvollziehbar zu machen. Es bleibt weiteren Veröffentlichungen in dieser Sachbuchreihe vorbehalten, sie auf das Reiten und die Pferdeausbildung auszudehnen. Nur so viel sei hier bereits gesagt: Ein Reiten des Pferdes mit leichten Hilfen ist ohne physische Balance undenkbar.

Wenn wir von physischer Balance sprechen, unterscheiden wir zwei Begriffe:

Das Pferd läuft auf *einer Spur.*
Das Pferd läuft auf *zwei Spuren.*

Wir werden diese in den folgenden zwei Abschnitten erklären:

Wann läuft ein Pferd auf einer Spur?

In diesem Kapitel geht es insbesondere um die Bewegung auf gebogenen Linien, also Volten, Zirkel und Kurven. Auf der Geraden müssen die meisten Pferde auch erst geschult werden, wirklich geradeaus zu gehen. Erst wenn die natürliche Schiefe und Einhändigkeit des Pferdes ausgeglichen ist, kann das Pferd spannungsfrei gleichwertige Bewegungen auf beiden Händen durchführen. Immer wenn das Pferd in Bedrängnis kommt, spannt es sich an, vergleichbar zu uns Menschen. Lernt das Pferd dagegen, sich jederzeit selber auszubalancieren, ohne dass es zu Anspannung und Lastwechseln kommt, so wird die mentale Balance des Pferdes gar nicht erst strapaziert. Die Anspannung ist für das Pferd nicht erforderlich.

Eine Schräglage in der Kurve verursacht, dass die jeweils inneren Vorder- und Hinterbeine gegenüber dem Boden länger werden. Um diese »kurveninneren« Beine in Schräglage unterzubringen, muss das Pferd sie jeweils nach außen setzen. Auf diese Weise wird das kurveninnere Vorderbein vor das äußere Vorderbein nach außen gesetzt und das kurveninnere Hinterbein vor das äußere Hinterbein. Von vorn oder hinten betrachte läuft das Pferd auf einer Spur. Es fußt mit allen vier Hufen auf einer Linie.

Mandy geht hier auf einer Spur.

Mandy geht hier auf zwei Spuren.

Daisy geht hier auf einer Spur.

Schräglage des Pferdes auf einer Spur

Bei einem Handwechsel während das Pferd auf einer Spur läuft, müsste das Pferd einen Lastwechsel vollziehen. Wenn wir hier von einem Lastwechsel sprechen, so meinen wir damit die Kurvenschräglage des Pferdes. Betrachten wir zum Vergleich die Bewegungsdynamik eines Motorradfahrers, so kann er hohe Kurvengeschwindigkeiten nur erzielen, indem er sich mit seinem Motorrad schräg in die Kurve legt. Um sich danach wieder aufzurichten, muss er seine Geschwindigkeit erhöhen. Er gibt Gas, damit die Flieh- oder Zentrifugalkraft es ihm ermöglicht, sich wieder aufzurichten, also einen Lastwechsel von der einen auf die andere Seite vorzunehmen. Es sind also enorme Lastwechsel – die Last wechselt von der einen Seite auf die andere – hervorgerufen durch enorme Kraftentfaltung erforderlich, um den Motorradfahrer in den einzelnen Bewegungsphasen zu stabilisieren.

Wir können uns diese Kräfte an einem anderen praktischen Beispiel verdeutlichen. Stelle ich beispielsweise eine große Glasscheibe genau auf die Kante, kann ich sie jeweils mit einem Finger an jeder Seite leicht in Balance halten. Je mehr diese Scheibe zu einer Seite aus der Balance in die Schräglage kommt, um so mehr Kraft muss ich aufwenden, um sie in dieser schrägen Position zu halten oder gar in die Balance zurückzubringen. Diese Kräfte und diese Lastwechsel gilt es nun in der Arbeit mit dem Pferd zu vermeiden.

Wenn das Pferd auf einer Spur läuft, muss es, um sich zu stabilisieren, entweder

- Beschleunigen,
- mit der Schulter in den Kreis kippen,
- mit der Schulter aus dem Kreis driften,
- mit der Hüfte in den Kreis kippen,
- mit der Hüfte aus dem Kreis schieben,
- mit Hals und Kopf als Ausgleichsgewicht in den Kreis bzw. nach außen schauen,
- sich hohl in den Kreis biegen,
- oder sich hohl nach außen biegen.

Die gepunktete Linie zeigt, dass das Pferd mit allen vier Hufen auf einer Linie fußt.

Das sind die gängigen Kompensationsmöglichkeiten des Pferdes, um für sich zu sorgen, wobei beliebige Kombinationen dieser einzelnen Elemente denkbar sind. Will ich diese Kompensationsmöglichkeiten nun als Mensch gezielt beeinflussen, so ist das ein schwieriges Unterfangen. Besser ist es nach unserer Überzeugung, wenn gar keine Situation entsteht, die das Pferd überhaupt kompensieren müsste. Wenn es also keine Spannung im Pferd gibt, kein Laufen auf einer Spur, keine Lastwechsel. In dem Fall würde sich die ganze Intervention des Menschen darauf beschränken, die einmal hergestellte Balance des Pferdes auf zwei Spuren zu erhalten. Das ist, einmal erlernt, nicht mehr schwierig.

Wann läuft ein Pferd auf zwei Spuren?

Wenn das Pferd auf zwei Spuren läuft, hat das Pferd permanent eine ausgewogene Lastverteilung zwischen den äußeren und den inneren Beinen. Wir erreichen dieses, indem wir das Pferd schulen, ökonomisch auf zwei Spuren zu laufen und zu lernen, die Vorhand jeweils vorwärts einwärts oder vorwärts auswärts zu setzen. Das kann kein Pferd von Natur aus. Es ist die Aufgabe des Menschen, dem Pferd dieses Bewegungsspektrum, das es für sich alleine gar nicht braucht, zu vermitteln, um darauf aufbauend spannungsfrei als Reittier den Menschen tragen zu können. Läuft

Nun läuft das Pferd balanciert auf zwei Spuren – gepunktete Linien.

Diese Pferde laufen gelassen in Balance.

das Pferd also eine Kurve auf zwei Spuren, so geht es, wenn es in seiner Balance geschult ist, nicht mehr in Schräglage, wobei es gezwungen ist, die inneren Beine nach außen zu setzen, sondern es setzt das innere Vorderbein einwärts, woraufhin das äußere Bein bei gleicher Kraftverteilung folgt.

Da so keine Lastwechsel entstehen, laufen die Hinterbeine automatisch in der Spur der Vorderbeine nach. Dabei wird es dem Pferd ermöglicht, sich jederzeit nach innen oder außen hohl zu biegen. Außerdem kann es Hals und Kopf auf diese Weise einwärts-abwärts oder bei Bedarf auch nach auswärts-abwärts stellen, ohne dass Hals und Kopf dabei länger statische Elemente zur Stabilisierung des Gleichgewichts wären.

Wozu dient die Balancierung?

Die Balancierung des Pferdes dient folgenden Zwecken:

- Das Pferd muss nicht mehr in Schräglage durch Geschwindigkeitszunahme Lastwechsel vollziehen.
- Das Pferd muss nicht mehr muskulär angespannt sein.
- Das Pferd kann sich jederzeit in jede Richtung biegen. Es geht nicht mehr driftend wie ein Öltanker durch die Kurve.
- Das Pferd kann Hals und Kopf je nach angestrebter Lektion ohne Anstrengung in jede Position stellen.

Ein Pferd in Balance kann mit leichten Hilfen geritten werden.

Ein Pferd in Disbalance zu reiten, bringt Stress für Pferd und Reiter.

- Das Pferd läuft gelassen, entspannt und ist für feinste reiterliche Hilfen aufmerksam und empfänglich. Seine Aufmerksamkeit wird nicht dadurch in Beschlag genommen, dass es Balancedefizite kompensieren müsste.

Ein balanciertes Pferd nimmt von sich aus eine harmonische Beizäumungshaltung ein, wie sie dem Ideal der klassischen Reitweise entspricht. Kommt nun eine treibende Komponente als Schub hinzu, gelangt das Pferd spannungsfrei, schwingend in eine perfekte Versammlung, ohne dass der geringste Zug über die Zügel auf das Gebiss im Maul des Pferdes erforderlich wäre. Für den Reiter bedeutet ein unbalanciertes Pferd ständigen Kampf, sehr hohe Zügel- und Schenkelkräfte, eine permanente Muskelanspannung und durch die hohe Anspannung die Gefahr, dass diese Anspannung sich gegen den Reiter entlädt. Weder sind kontinuierliche Tempi möglich, noch ein Verlangsamen des Pferdes ohne Zügeleinwirkung, noch ein Beschleunigen ohne mühsames Treiben. Die Balance ist der Schlüssel für einen harmonischen feinen Umgang mit dem Pferd. Freude und Harmonie in der Bewegung entstehen nicht nur für den Reiter, sondern auch für das Pferd.

Entspanntes Reiten in Balance.

Anspannung für Reiter und Pferd durch Disbalance.

Das Herstellen der physischen Balance des Pferdes

Die Ausbalancierung des Pferdes nehmen wir grundsätzlich im Trab vor. Der Trab ist eine schwungvolle Bewegung mit Schwebephase, in der das Pferd jeweils diagonal fußt und geschult werden kann, seine Vorhand vorwärts einwärts zu setzen. Eine Schulung im Schritt bringt uns nicht weiter, denn im Schritt befindet sich jeweils nur ein Bein des Pferdes in der Luft. Dadurch hat es seine Balance auf zwei Spuren. Eine Schulung im Galopp würde eine Überforderung des Pferdes darstellen, da es in untrainiertem Stadium unbalanciert wild davonstürmen würde, wollte der Mensch es durch das Herstellen von überzogener Disbalance schließlich in seine Balance führen.

Um die Balance des Pferdes gezielt beeinflussen zu können, verdeutlichen wir uns zunächst, was beim herkömmlichen traditionellen Longieren vor sich geht. Das Pferd läuft in einem Kreis um den konstanten Mittelpunkt Mensch herum, der über die Longe mehr oder weniger Zug ausübt. Das Pferd gerät in Schräglage, wodurch starke Kräfte auf die Hufe wirken, die den Hallenboden nach außen wegschieben. Es entsteht ein kreisförmiger Hügelaufwurf, der ähnlich wie ein Anlieger beim Motocross Stabilität gegen seitliches Wegrutschen verleiht. Das ist der Grund, warum in vielen Reithallen nicht longiert werden darf. Wer den Boden in speziellen Longierhallen besichtigt, weiß, wovon wir schreiben.

Genau diese seitlich wirkenden Kräfte, die für das Aufwühlen des Bodens ursächlich sind, wollen wir eliminieren. Der Leser kann sich leicht vorstellen, welche einseitige Belastung die kurveninneren Gelenke, Sehnen und Bänder des Pferdes aushalten müssen.
Wir alle kennen die Naturgesetze:

Zug gibt Gegenzug
Druck bringt Gegendruck

Würde ich das in Schräglage befindliche Pferd nach außen drücken, wäre Gegendruck die Folge. Die Schräglage und somit die Kompensationsgeschwindigkeit würde sich noch erhöhen. Das Pferdisch Prinzip besagt: »Gibt dem Pferd das, was es will, aber im Übermaß, um es zu korrigieren.« Auf die bestehende Situation angewandt bedeutet das: Ich muss die Schräglage zunächst noch vergrößern, indem ich mit Zug in Richtung Kreismitte einwirke, um sie danach durch eine Bewegung nach außen kompensieren, das heißt ausgleichen zu können.

Wenn ich das Pferd nun veranlasse, konzentrisch in den Kreis hineinzutreten, wird es den entstehenden Zug an meinem Arbeitsseil mit Gegenzug beantworten. Das steigere ich bis zu einem gewissen

Disbalance kann den Fluchtimpuls auslösen.

Maß und gebe dem Zug dann nach, indem ich das Pferd vorwärts-auswärts gehen lasse, bis es sich schließlich wieder stabilisiert hat. Dabei ist die Phase nach der wieder gewonnenen Stabilität das entscheidende Element, um dem Pferd eine Erfahrung zu ermöglichen, wie es sich anfühlt, schräg nach innen zu laufen, danach schräg nach außen zu laufen und schließlich ausgewogen auf zwei Spuren in dem Bereich dazwischen zu traben.

Disbalance schafft Stress

Ein Pferd muss deutlich die Extreme gespürt haben, um sich bewusst für den komfortablen Bereich dazwischen entscheiden zu können. Als Vergleich können wir uns den Menschen heranziehen, der in einer Badewanne liegt. Zunächst ist das Wasser zu heiß, so dass der Badende veranlasst wird, kaltes Wasser zulaufen zu lassen. Das dauert eine Weile, schließlich ist die Wassertemperatur komfortabel. Nach einiger Zeit jedoch ist das Wasser abgekühlt, so dass es den Badenden fröstelt. Will er länger in der Wanne verweilen, wird er wieder heißes Wasser zulaufen lassen müssen. Auch diese Temperaturveränderung dauert eine

Disbalance erzeugt Spannung

alance bewirkt Harmonie

Veile. Durch das Erleben des zu heißen und des u kalten Wassers macht der Mensch die Erfahung, wo sich seine individuelle Komfortzone befindet. Er muss beide Extremzustände erlebt haen, um sagen zu können, wann er Wasser zulauen lässt und wann er es wieder abstellt. Dies lässt sich auch als ein Austesten von Grenzen definieren, was zwingend notwendig ist, um Lernerfahrungen zu machen und dauerhafte Erkenntnisse zu gewinnen.

Die Balance des Pferdes stellt einen ausgewogenen spannungsfreien Komfortzustand dar, wobei dem Pferd aufgrund seiner Erfahrung bewusst ist, was sich links und rechts dieses Zustandes für ein Erfahrungsspektrum befindet. Auf diese Weise wird das Pferd sich zuletzt nicht nur in dem Idealzustand unbeschwert ausagieren, sondern die Extreme, also auch die physische Disbalance, sind ihm durch das Training vertraut. Es lernt, von sich aus eine Entscheidung für die Balance, für den komfortablen Zustand zu treffen und diese schließlich von sich aus, ohne Zutun des Menschen, wieder herzustellen.

alance erzeugt Gelassenheit

Solchermaßen geschulte Pferde bewegen sich alleine im Herdenverband anders, das heißt ökonomischer, geschickter und entspannter, als nicht geschulte Artgenossen. Das nicht geschulte Pferd bewegt sich nach unserer Beobachtung entweder im Entspannungsmodus, das heißt, es grast ruhig schreitend oder steht und döst. Oder es befindet sich im Angriffs-/Fluchtmodus, das heißt, es steht angespannt mit erhobenem Kopf und wittert oder es kämpft bzw. stürmt davon unter ständiger Anspannung. Das geschulte Pferd hingegen bewegt sich flüssig und ohne Anspannung, es wird lauffreudiger und setzt seine neu erlernte Geschmeidigkeit spielerisch ein. In der Auseinandersetzung mit Kontrahenten sind geschulte Pferde überlegen. Wir haben etliche Male beobachtet, dass Pferde aufgrund der Schulung in der Hierarchie nach oben geklettert sind und dadurch ein stärkeres Selbstbewusstsein erworben haben. In der Arbeit mit dem Menschen bewirkt die Ausbildung mehr Losgelassenheit, Souveränität und mehr Spaß.

Im Hinblick auf eine physische Gesunderhaltung des Pferdes und verschleißarme Nutzung als Reittier kommt der Balance eine enorme Bedeutung zu. Die Gelenke der Vorhand des Pferdes sind statisch exakt übereinander angeordnet, so dass Stöße oder Kräfte bis in das Schultergelenk und somit bis in die Wirbelsäule des Pferdes gelangen. Das wiederum überträgt sich auch auf den Reiter, der seinerseits die Kräfte mit seiner Wirbelsäule abfangen muss. Eine Überlastung der Bänder, Sehnen und Gelenke lässt diese vorzeitig altern und verschleißen. Für das Pferd ist das schmerzhaft und mit Leistungseinbußen verbunden. Für den Reiter wird durch hohe Tierarztkosten und Ausfallzeiten die Freude an seinem Hobby getrübt.

Wer einmal erlebt hat, wie Pferde sich nicht nur in ihrer Bewegung, sondern insbesondere durch ihren Gesichtsausdruck und ihre Erscheinung grundlegend verändern, wenn sie in einen balancierten Zustand gelangen, der ahnt die Bedeutung, die das Phänomen *physische Balance* im Umgang mit dem Pferd hat.

Wie erreiche ich, dass ein Pferd auf zwei Spuren läuft?

Die Balancierung des Pferdes führen wir praktisch in drei Stufen, das heißt mit drei aufeinander folgenden Techniken durch. Daran anschließend folgen zwei weitere Techniken zur Gymnastizierung des Pferdes, das heißt zur Hohlbiegung (einwärts abwärts) in freier Selbsthaltung. Danach folgt eine Phase, in der der Mensch das Pferd immer wieder akzentuiert in seiner Balance stört, so dass das Pferd ein Erfahrungsspektrum erhält, die Balance von sich aus autonom wieder herzustellen.

Um das Pferd gezielt in seiner Balance beeinflussen zu können, muss ich zunächst auf beiden Händen unabhängig voneinander beobachten und analysieren, wie das Pferd von sich aus, also ohne meine Beeinflussung mit den ihm zur Verfügung stehenden Mitteln seine Disbalance kompensiert. In unseren Seminaren schulen wir das Auge des Teilnehmers mit ausgesuchten Videosequenzen. Wir projizieren das Pferd lebensgroß an die Wand und verdeutlichen in Zeitlupe die einzelnen Möglichkeiten der Disbalance sehr anschaulich. Erst wenn ich einen sicheren Blick für den existierenden Zustand erlangt habe, ist es möglich, das Pferd gezielt zu beeinflussen. Andernfalls wären meine Interventionen ein Schuss ins Blaue und könnten sich kontraproduktiv auswirken. Wir möchten unterstreichen, dass es schwieriger ist einen Blick für Balance und Disbalance zu erlangen, als die Techniken für die Schulung des Pferdes zu erlernen und umzusetzen. Uns ist bewusst dass eine Beschreibung der Zustände des Pferdes in einem Buch eine lebensechte Video- oder Praxisschulung nicht vollständig ersetzen kann.

Die Ursachen für die physische Disbalance stellen sich in der Praxis wie folgt dar:

- Driften des Pferdes aus der Kurve: Damit ist gemeint, dass das Pferd bedingt durch seine Schräglage und eine dadurch hervorgerufene hohe Kurvengeschwindigkeit die Tendenz hat, den Radius des Zirkels/der Volte permanent zu vergrößern. Das kann geschehen, indem das Pferd über die äußere Schulter aus der Kurve schiebt. In dem Fall läuft die Vorhand einen größeren Kreis als die Hinterhand. Voraussetzung dafür ist, dass das Pferd mit der kurveninneren Schulter abkippt, das innere Vorderbein also länger wird und nach außen gesetzt werden muss. Immer befindet sich das Pferd dabei in Außenstellung (nach außen hohl gebogen), Hals und Kopf sind nach außen gewandt. Es besteht ein hoher Zug auf dem Arbeitsseil/der Longe. Das Pferd ist nicht in der Lage, in diesem Zustand seine Geschwindigkeit zu reduzieren. Die zweite Möglichkeit besteht darin, dass das Pferd mit der Hüfte nach außen driftet. Die Hinterhand läuft dabei einen größeren Kreis, als die Vorhand. In diesem Fall ist das Pferd nach innen hohl gebogen. Der innere Hüfthöcker kippt ab, so dass das nun länger werdende Hinterbein gezwungen ist, nach außen zu treten, und zwar in die Spur vor das äußere Hinterbein oder sogar noch weiter nach außen (kreuzen). Daraufhin kann das äußere Hinterbein nicht in der Spur des äußeren Vorderbeins nachgesetzt werden, da es keinen Platz findet. Vielmehr muss das Pferd das äußere Hinterbein nun noch weiter nach außen vorwärts-seitwärts bringen, was die Hinterhand des Pferdes enorm schleudern lässt. Es ist nicht übertrieben, wenn wir herausstellen, dass diese beschriebene Prozedur bis hin zur Olympiade in der Dressur beim Durchreiten der Ecken unbeanstandet Anwendung findet. Reiter, Trainer und Richter scheinen nicht sensibel für diesen Umstand zu sein, der sich so gravierend kontraproduktiv auswirkt.
- Fallen des Pferdes in die Kurve: Hiermit ist gemeint, dass das Pferd den Zirkelradius von sich aus verkleinert, dass die Bewegungstendenz nach innen geht. In diesem Fall kippen innere Schulter und innere Hüfte ab. Das Pferd ist nach innen hohl gebogen. Ich kann ständig den äußeren Hüfthöcker sehen. Im Normalfall sehe ich aus der Mitte des Kreises abwechselnd im Takt des Auffußens den inneren oder den äußeren Hüfthöcker. Sehe ich den äußeren Hüfthöcker dagegen permanent, liegt das daran, dass das Pferd nach innen mit der Hüfte abkippt. Daraus resultiert die Tendenz, den Zirkel ständig zu verkleinern.
- Verwerfen in Längsrichtung: Es kommt auch vor, dass Pferde sich in ihrer Längsrichtung »verwinden«, dass etwa die innere Schulter und die äußere Hüfte abkippen oder umgekehrt. Solche besonderen Fälle sind schwierig zu korrigieren. Ich muss dabei Schritt für Schritt vorgehen. Ich kann nicht an allen Problemen gleichzeitig arbeiten.
- Bergab laufen auf der Vorhand: Viele Pferde laufen mit einer »schweren Schulter«, das heißt, sie sind kopflastig und verlagern vermehrt ihr Gewicht auf die Vorderbeine. Diese Pferde sind sehr schwerfällig in der Seitwärtsbewegung der Schulter und lassen sich kaum biegen. Sie müssen in der Schulter mobil gemacht werden und mehr Aufwärtsbewegung erhalten.
- Verminderte Belastung der Hinterhand: Aus dem vorgenannten Problem resultiert, dass diese Pferde nur relativ wenig Hankenbeugung haben und nicht sehr weit untertreten. Damit ein Pferd sich versammeln kann, muss es seinen Rücken aufwölben. Es bringt also

durch Hankenbeugung die Hinterhand näher an die Vorhand heran. Dadurch kann es das Reitergewicht vermehrt auf der gewinkelten und dadurch flexiblen Hinterhand tragen, die zudem viel stärker bemuskelt ist. Das Aufwölben des Rückens ist die Voraussetzung für die Versammlung des Pferdes. Dazu ist es erforderlich, dass das Pferd die Rückenmuskulatur entspannt und seine Bauchmuskulatur anspannt. Dadurch kann es mit der Hinterhand tief untertreten. Durch das Beugen der Hanken wird eine Flexibilisierung und Kräftigung der Hinterhandmuskulatur erreicht. Die Pferde der vorgenannten Kategorie, die überwiegend »bergab« laufen, treten jedoch nicht unter. Vielmehr fußen sie unterhalb ihres Schwerpunktes, also der Normalstellung der Hinterhand auf- und weit hinter dem eigenen Schwerpunkt ab. Diese Pferde laufen mit weggedrücktem Rücken. Sie werden auf Dauer funktionale Schäden erleiden. Die genannte Probleme entstehen durch vermehrte Zügelanlehnung und Treiben gegen die Hand. Jeder Schwung wird dadurch aus den Pferden herausgeritten. Die Bewegungsabläufe werden damit deutlich verkürzt und eingeschränkt.

Jessie in Disbalance

Um dieses Problem dauerhaft zu korrigieren, ist ebenfalls die Balance auf zwei Spuren Voraussetzung, kombiniert mit einem Schub, der durch treibende Hilfen mit der Fahrpeitsche erzielt wird, während das Pferd einwärts-abwärts gebogen auf zwei Spuren tief unter seinen Schwerpunkt tritt. Alle erlernten Bewegungsanomalien lassen sich innerhalb kurzer Zeit mittels der Pferdisch Bodenarbeit korrigieren. Der Vorteil dieser Arbeit besteht nach unserer Erfahrung darin, dass der Mensch am Boden aus einigen Metern Abstand genau beobachten kann, wie sich das Pferd bewegt und wie sich die gezielte Interaktion des Menschen beim Pferd unmittelbar auswirkt. Wer das Sehen der Probleme gelernt hat, insbesondere auch die Intensität der Einwirkung sicher beherrscht, hat nicht nur eine solide Einschätzungsmöglichkeit für funktionale Bewegungsabläufe, sondern er hat damit auch beste Voraussetzungen, diese bei seinen oder anderen Pferden positiv zu beeinflussen.

Jessie in Balance

Die gleichen Resultate unter dem Sattel zu erzielen, ist ungleich schwerer. Es wäre zwingende Voraussetzung, dass der Reiter einerseits genau erfühlen kann, wie das jeweilige Pferd unter ihm fußt. Andererseits müsste er das zugleich durch gezielte reiterliche Hilfen beeinflussen können, um das Pferd zu fördern und zu unterstützen. Dazu ist sehr viel Erfahrung mit vielen verschiedenen Pferden erforderlich. Ebenso ein absolut ausbalancierter Sitz und eine Hilfengebung, die im Pferd keinerlei Spannung entstehen und es in freier Selbsthaltung gehen lässt. Da nur wenige Reiter alle diese Voraussetzungen erfüllen, empfehlen wir, das Pferd diesbezüglich durch die Bodenarbeit zu fördern. Es ist leichter und sicherer für den Menschen und schonender für das Pferd. Da das Pferd durch diese Art der Bodenarbeit zu nichts gezwungen wird, kann der Mensch im eigentlichen Sinne nichts falsch machen. Schlimmstenfalls erlebt das Pferd nicht die beabsichtigte Förderung.

Stufe 1 in der Balancierung des Pferdes

Ich lasse das Pferd an dem 3,70 m langen Arbeitsseil um mich herum einen Zirkel laufen, während ich einen Kreis von etwa zwei Metern Durchmesser gehe. Der Radius des Pferdes sollte so viel größer sein, dass mein Arbeitsseil locker durchhängt. Nun stelle ich mir den Buchstaben »T« vor, wobei die obere Decklinie entlang der Längslinie des Pferdes vom Kopf bis zum Schweif verläuft. Die senkrechte Linie läuft von der Schulter des Pferdes aus zu mir. Nun bewege ich mich auf der senkrechten Linie von der Schulter des Pferdes rückwärts. Dabei muss ich aufpassen, dass das Pferd, welches sich seitlich von mir vorwärts bewegt, immer im gleichen Winkel zu mir befindet. Mit meiner Peitschenhand rahme ich das Pferd hinter der Schweifrübe ein. Ich nehme das Arbeitsseil nun auf Kontakt und gehe zügig einige Schritte rückwärts, so dass das Pferd veranlasst

Auf der Grundlinie des T's bewegt sich der Mensch rückwärts und vorwärts.

Auf dem Arbeitsseil entsteht ein deutlicher Gegenzug.

wird, vorwärts-seitwärts in den Kreis zu treten. Das Pferd hat dabei fast die Tendenz, die Vorderbeine von außen nach innen zu kreuzen. Schwierig zu beschreiben ist dabei die Dosis, wie viel Einwärtsbewegung nötig und wie wenig möglich ist. Als Anhaltspunkt mag dienen, dass das Pferd wirklich deutlich nach innen kommen soll. Es muss einen Lastwechsel auf die innere Vorhand vollziehen.

Ist das geschehen, schicke ich das Pferd unter Treiben (Schub) mit der Fahrpeitsche wieder nach außen, indem ich entsprechend dem senkrechten Strich des T's deutlich auf die Schulter des Pferdes zugehe. Da das Pferd mich respektiert, wird es vor mir weichen und dabei mit annähernd kreuzenden Schritten vorwärts-seitwärts nach außen gehen, also einen Lastwechsel auf das äußere Vorderbein vollziehen. Das Ganze geschieht auf

Auf der T-Linie schickt der Mensch das Pferd nach außen.

dem Zirkel. Nun kommt das Wichtigste: Das Pferd hat die Disbalance nach innen deutlich gespürt, dann das Gegenteil (Disbalance nach außen). Nun geschieht es von ganz alleine, dass das Pferd sich weiter auf dem Zirkel laufend dazwischen normalisiert und auspendelt. Es ist erforderlich, dass ich mich sehr zügig seitwärts mit dem Pferd mitbewege. Ich habe dabei die Tendenz in Bewegungsrichtung »Kopf« mitzugehen, mit dem Ziel, dass mein Arbeitsseil in jeder Phase so weit durchhängt, dass der Metallhaken am Knotenhalfter senkrecht nach unten hängt. Nur dadurch ist gewährleistet, dass das Pferd sich nicht am Zug des Seils am Knotenhalfter ausbalanciert, so wie manche Pferde sich auf den Zügel legen und sich auf der Reiterhand ausbalancieren. Vielmehr soll es in freier Selbsthaltung seinen individuellen Komfortbereich erfühlen lernen.

Anfangs werde ich einen sehr deutlichen Zug auf meinem Seil haben, wenn ich mein Pferd entlang der T-Linie in den Kreis hole. Auch werde ich deutlich das Pferd nach außen schicken müssen, indem ich mit Fahrpeitsche und Führseil wedele, damit es wirklich deutlich den Lastwechsel nach außen vollzieht und registriert. Das Pferd spürt nach wenigen Wiederholungen meine Intention, nämlich dass ich ihm in seiner Balancierung behilflich sein will und nimmt meine Unterstützung gerne an. Nach kurzer Zeit wird das Pferd, wenn ich mich auf der T-Linie rückwärts bewege am durchhängenden Seil nach vorwärts-einwärts kreuzen, wenn ich mich auf der T-Linie auf die Schulter zubewege nach vorwärts-auswärts kreuzen. Dann, wir erwähnten es bereits, gilt es zügig mitzugehen oder aber auch mal einige schnelle Schritte Richtung Kopf zu laufen, damit nicht plötzlich ein Ruck ins Seil kommt, der das Pferd veranlasst, sofort wieder in Disbalance zu fallen. Es passiert in unseren Seminaren immer wieder, dass wir Teilnehmer in der Phase, in der das Pferd sich stabilisiert, förmlich vorwärtsschieben müssen, damit sie ihr Pferd nicht in der frisch erfahrenen Balance stören. Ich wende diese erste Technik solange an, bis das Pferd mir ohne jeden Widerstand nur aufgrund meiner Körpersprache willig nach innen und außen folgt, um sich daraufhin zu stabilisieren.

Durch die Umkehr der Bewegung nach außen, wird die Last vom inneren auf das äußere Bein verlagert.

Wenn zu Anfang bei dem Lernenden eine Hemmschwelle besteht, deutlichen Zug auf das Arbeitsseil am Knotenhalfter zu bringen, so können wir das sehr gut nachvollziehen. Wir alle wollen möglichst fein und sanft kommunizieren. Hier müssen wir jedoch noch einmal daran erinnern, dass es oftmals erforderlich ist, einen alten unerwünschten Zustand erst zu verschlimmern, um ihn dann dauerhaft verbessern zu können. Das Pferd entscheidet in diesem Fall, ob es Zug benötigt, um zu weichen oder nicht. Nach unserer Erfahrung sind Pferde so lernfähig, dass sie die Lektion nach kürzester Zeit verstanden haben und instinktiv spüren, dass sie ihnen gut tut.

Stufe 2 in der Balancierung des Pferdes

Das Pferd läuft auf dem Zirkel um mich herum, während ich einen Kreis von einem Meter Durchmesser gehe. Hilfsweise kann ich mir eine Pylone in den Mittelpunkt stellen, um mich daran zu orientieren. Damit erreiche ich, dass das Pferd sich an mir orientiert und nicht ich an ihm (bedenke Aktion – Reaktion). Mein Arbeitsseil hängt durch. Mein Arm mit der Fahrpeitsche bildet einen rechten Winkel zu meiner Brustlinie (Grundposition). Meine Brustlinie ist der Breitseite des Pferdes zugewandt. Wichtig ist jetzt, dass ich in diesem Stadium nur noch ganz fein über Körpersprache arbeite. Das bedeutet, dass ich keinen Zug mehr auf das Seil bringe. Zur Verdeutlichung stellen wir uns

In Stufe 2 der Balancierung bleibt das Seil locker …

vor, dass das Pferd auf der linken Hand läuft. Ich habe das Seil in meiner linken Hand. Es beschreibt einen Winkel von 45 Grad zum Kopf des Pferdes. In der rechten Hand habe ich die Fahrpeitsche, die sich zu meiner Brustlinie im Winkel von 90 Grad befindet. Der Metallhaken am Ende des Arbeitsseils hängt vom Knotenhalfter senkrecht nach unten. Ich habe beide Arme locker vor meinem Körper. Sie sind angewinkelt. Nun strecke ich den linken Arm mit dem Seil nach links aus. Ich drehe meinen ganzen Körper mit ausgestrecktem linken Arm soweit in den Kreis, dass mein rechter Arm mit der Fahrpeitsche von 90 auf 180 Grad aufmachen muss, damit ich das Pferd nicht berühre. Daraufhin wird sich das Pferd mir in Richtung vorwärts-seitwärts zuwenden. Dabei folgt es instinktiv meiner aufmachenden linken Schulter. Daraufhin bewege ich mich mit durchhängendem Arbeitsseil zwei, drei schnelle Schritte auf die Hinterhand des Pferdes zu und steche mit der Fahrpeitsche, die sich hinter dem Pferd auf dessen andere Seite bewegt, quasi ein Loch in die Luft. Das bewirkt, dass ich in den toten Winkel des Pferdes gerate. Die schnelle Bewegung mit der Fahrpeitsche hinter dem Pferd bewirkt, dass das Pferd sich nun neugierig umdreht, um zu sehen, was ich dort tue. Damit erreiche ich eine starke Einwärtsbiegung des Pferdes. Dabei sind Hals und Kopf ebenfalls einwärts-abwärts gestellt. Während der gesamten Aktion kommt kein Zug auf das Seil. Hat das Pferd die Biegung erreicht, nehme ich sofort wieder die Grundposition ein. Ich gehe wieder vorwärts-seitwärts, meine Beine kreuzend neben dem Pferd her in Richtung seines Kopfes. So bekommt das Pferd wie in Stufe 1 eine Stabilisierungsphase für seine neu gewonnen Balance.

... die Veränderungen erfolgen durch Körperbewegung.

Jedermann wird sich vorstellen können, dass es leichter ist, eine solche Technik vorzumachen, als sie mit Worten zu beschreiben. Wenn der Leser den Anweisungen genau Folge leistet, wird diese Technik funktionieren. Genauso erklären wir sie in unseren Seminaren mit Erfolg.

Das Pferd lernt durch diese Balanciertechnik in einer feineren Stufe als zuvor, sich auf zwei Spuren auszubalancieren. Es lernt, mit der Schulter vorwärts-einwärts zu treten, und zwar auch in einer starken Biegung. Und das alles in freier Selbsthaltung und ohne fremde Anlehnung. Das Pferd lernt dabei durch den ständigen Wechsel von Biegung, Streckung und erneuter Balancierung. Es ist nicht sinnvoll, das Pferd längere Zeit gebogen laufen zu lassen, so wenig wie es sinnvoll ist, das Pferd danach minutenlang nur auf dem Zirkel laufen zu lassen. Angestrebt wird ein ständiger Wechsel aus Anspannung und Entspannung, wie bei einem Tanz, wobei niemals die Absicht von Exerzieren entstehen darf. Wir müssen uns immer wieder deutlich machen, dass das Pferd nur auf unsere Körpersprache reagiert.

Durch meine ständige körpersprachliche Intervention wird das Pferd mit seiner Aufmerksamkeit stark auf mich fokussiert, was eine intensive und feinfühlige Kommunikation bewirkt. Es entsteht ein Verhältnis zwischen dem Pferd und mir, das durch feinfühlige Konzentration und beinahe simultane Nachahmung meiner Bewegungen gekennzeichnet ist. In dieser Phase der Arbeit kommt es mitunter zum vorauseilenden Gehorsam des Pferdes. Wenn ich das Vorwegnehmen von Aufgaben nicht augenblicklich durch das Aussenden einer neuen Aktion unterbinde, erziehe ich mir einen »Selbstläufer«. Dieser arbeitet zwar sehr balanciert und gymnastiziert, verliert aber immer mehr den Respekt vor mir. Je feiner sich die Interaktion zwischen mir und meinem Pferd gestaltet, umso mehr muss ich in meiner Freude darüber darauf achten, dass das Pferd nicht die führende Rolle übernimmt. Ich muss mir dessen bewusst sein, dass das Pferd durch meine Schulung mental sehr stark und selbstbewusst wird. Mit zunehmender Fähigkeit zur Körperkoordination könnte das Pferd den Eindruck gewinnen, dass es diesbezüglich dem Menschen weit überlegen ist. Außerdem wird das Pferd immer anspruchsvoller bezüglich der Reize, die ich ihm biete. Ein stupides Herumlaufen im Kreis wird dieses Pferd nun nicht mehr ausfüllen. Kommt erst einmal Langeweile auf, zieht das Pferd die eine oder andere Zauberkarte aus seinem Bewegungsspektrum, um sich selber Spaß zu machen.

Es ist wie mit einem Mitarbeiter. Ist er einfach und relativ ungebildet, wird er alles tun, was ich ihm sage. Für mich ist das sehr mühsam, da ich genaue Anweisungen erteilen und die Ausführung kontrollieren muss. Ist er dagegen intelligent und flexibel, wird er die standardisierten Abläufe schnell beherrschen und Langeweile empfinden. Einem solchen Mitarbeiter muss ich Anreize und Verantwortung übertragen. Nur damit kann ich ihn dauerhaft motivieren und zufrieden stellen. Je selbstbewusster mein Pferd wird, je besser es sich in seiner Bewegung koordinieren kann, desto mehr Verantwortung muss ich ihm übertragen. Dazu gehört es beispielsweise, dass ich ein solches Pferd nicht anbinde, wenn die Umstände dies erlauben. Es wird sich meines Vertrauens würdig erweisen, selbst, wenn ich mich entferne. Einem solchen Pferd gebe ich einmal die Gangart vor, dann ist es die Verantwortung des Pferdes, diese einzuhalten. Das Gleiche gilt für Tempo und Richtung. Solange, wie kein neuer Impuls von mir kommt, ist es die Verantwortung des Pferdes, konstant weiterzugehen. Mit Abwechslung, Spiel und Phantasie bringe ich Farbe und Geschmack in die Arbeit. Wir selber befinden uns gegenwärtig in der Entwicklung eines neuen Seminartyps, der genau diese Problematik behandeln wird: Neue Bewegungsimpulse für das Pferd bereitzustellen. Wir kommen darauf noch zurück.

Stufe 3 in der Balancierung des Pferdes

Hier geht es um die Feinjustierung des Pferdes, um es später mit allerfeinsten Zügelimpulsen steuern zu können. Bevor wir hier die Technik beschreiben, möchten wir den Leser noch einmal für die Feineinwirkung mit Knotenhalfter und Arbeitsseil sensibilisieren. Für dieses praktische Experiment sind zwei Personen erforderlich. Die eine Person spielt das Pferd. Sie hält das Knotenhalfter so, dass sie die beiden Knoten, die auf der Nase des Pferdes liegen, in den Händen hält und der Haken des Arbeitsseils am Knotenhalfter nach unten hängt. Die andere Person, die das Arbeitsseil mit starkem Durchhang am Ende hält, gibt nun feine Impulse in das Seil. Zu Beginn schickt die Person kleine Wellen durch das Seil und verfeinert die Impulse allmählich, bis zuletzt nur noch der Zeigefinger von oben auf das durchhängende Seil tippt. Die erste Person wird nun sehr schnell feststellen, dass jeder auch noch so feine Impuls auf dem Nasenrücken des Pferdes ankommt, selbst wenn das Arbeitsseil sich sichtbar nicht bewegt. Dann verstärkt die Person mit dem Arbeitsseil die Impulse bis zu einem groben Hin-und-Herschütteln. Es wird der Person mit dem Knotenhalfter sehr schnell nachfühlbar sein, ab wann diese Impulse unkomfortabel, unangenehm oder sogar schmerzhaft werden.

Für die Feinarbeit, die nun in Stufe 3 erfolgt, ist nicht nur das Wissen um diesen Umstand wichtig, sondern ich muss es gefühlt haben, damit ich mir die Wirkung auf mein Pferd vorstellen kann. Das Pferd ist so sensibel, dass es augenblicklich spürt und reagiert, wenn sich eine Fliege auf sein Fell setzt. Da kann es nur verwundern, wie rüde und grob oftmals auf diese feinen Tieren eingewirkt wird. Wir wollen mit dieser Feinjustierung in einen Prozess der fortschreitenden Sensibilisierung eintreten, um mit dem Pferd immer feiner kommunizieren zu können, bis zuletzt im wahrsten Sinne des Wortes mein Gedanke und meine Absicht ausreichen, um mich dem Pferd mitzuteilen.

Zurück zu der Technik. Das Pferd läuft um mich herum. Ich bewege mich in der Grundposition: 90 Grad, Hände locker, relativ eng zusammen vor dem Körper. Auf diese Weise ist gewährleistet, dass ich den 90-Grad-Winkel einhalte und meine Körpersprache unmissverständlich wirkt. Jetzt lenke ich meine Aufmerksamkeit auf die Fußfolge des Pferdes im Trab. In dem Augenblick, wo das Pferd vorne außen auffußt, gebe ich einen feinen Impuls in das Arbeitsseil und bewirke damit, dass das Pferd in dem Augenblick, wo das innere Vorderbein abfußt, einen Seitwärtsimpuls nach innen bekommt. Das Pferd wird geschult, im übertriebenen Sinne nicht schmalspurig, sondern breitbeinig zu laufen. Es entsteht im Laufe der Zeit eine tänzelnde ausbalancierte Seitwärtsschwingung von außen nach innen. Sofern ich meine exakte Grundposition beibehalte, brauche ich mir um die Hinterhand dabei keine Gedanken machen. Sie wird alsbald exakt in der Spur der Vorhand fußen.

Will ich den Impuls auf das äußere Vorderbein verstärken, gebe ich nicht einen vermehrten Impuls in das Seil, sondern nehme unmittelbar nach dem Impuls zusätzlich meine Schulter mit der Seilhand eine Spur nach innen hinten. Das wird das Vorwärts-seitwärts-Treten des Pferdes verstärken.

Achtung! Hier ist es wie bei dem Festziehen einer Schraube: nach fest kommt ab.

Habe ich mit dieser Technik ca. 4–5 Mal eingewirkt, wobei ich nicht auf jedes Auffußen des Vorderbeins einen Impuls geben muss, so ermögliche ich dem Pferd wieder die Stabilisierungsphase, indem ich in Richtung Kopf parallel zum Pferd laufe, wobei das Arbeitsseil lose durchhängt. Wir wissen, dass wir uns wiederholen, aber in dieser Ent-

Der Impuls kommt auf das äußere Vorderbein ...

spannungsphase lernt das Pferd. Lernen geschieht durch Anspannung und Entspannung. Die Entspannung muss solange anhalten, dass jegliche Anspannung aus dem Organismus verschwinden kann. Menschen lernen genauso. Wir alle wissen, aus eigenem Erleben, dass wir unter Druck und Stress nicht lernen können. Wenige Wiederholungen mit Spaß und Freude, begleitet von langen Pausen bewirken weit mehr, als viele Wiederholungen und ein Exerzieren ohne Erfolgserlebnisse. Bei allen Einwirkungen gilt das Prinzip:

So viel wie nötig,
aber so wenig wie möglich!

Dieses in einem Buch zu vermitteln ist nicht einfach. Aus diesem Grunde arbeiten wir in unseren Praxis Seminaren in Kleingruppen von sechs bis acht Personen und Pferden. Es arbeitet jeder Teilnehmer mit jedem Pferd. Erst dadurch wird ein Erfahrungsspektrum ermöglicht, welches schließlich ein Gefühl dafür erzeugt, wie viel Einwirkung nötig und wie wenig möglich ist.

Habe ich die drei Phasen der Balancierung sicher erlernt, kann ich sie beliebig und flexibel kombinieren und variieren. Ich kann sowohl Stufe 1 mit Stufe 3 verknüpfen, sowie auch Stufe 2 mit Stufe drei. Auch die noch zu beschreibenden Gymnastizierungstechniken kann ich mit den Balancierungs-

... so, dass das innere Vorderbein einwärts gesetzt werden kann.

techniken verknüpfen. Erst dadurch werden die manuellen Techniken zu einer wahren Kommunikation auf »pferdisch«. So wie wir in unserer Sprache nicht komplexe Sätze lernen, sondern einzelne Elemente, mit denen wir es später verstehen, uns umfassend auszudrücken, so sollte ich auch die Elemente der Pferdisch-Kommunikation als etwas Ganzheitliches sehen, das es mir ermöglicht, elegant und differenziert in eine harmonische Kommunikation mit meinem Pferd zu treten. Beherrsche ich diese Kommunikation schließlich, verschwinden die Elemente von Aktion und Reaktion, so dass ein partnerschaftliches Geben und Nehmen ohne Dominanzstreben in Achtsamkeit und gegenseitigem Respekt entsteht. Wer hingegen die in diesem Buch vermittelten Techniken als Techniken versteht und anwendet, wird das durch Pferdisch erreichbare Ergebnis nicht erzielen. Wie in vielen populären Methoden reduziert er sein Bemühen darauf, das Pferd zu konditionieren. Genau darum geht es bei Pferdisch nicht.

Durch die beschriebenen Balancierungstechniken unter vorheriger Erlangung von gegenseitigem Respekt und Vertrauen hat bislang jedes Pferd, mit dem wir gearbeitet haben, dermaßen an Ausstrahlung, Eleganz und Zufriedenheit gewonnen, dass manches Pferd danach 10 Jahre jünger aussah. Bei hochklassigen Dressurreitern hat die Balancierung des Pferdes und des Reiters in der Durchführung von so genannten »Pferdisch Finetunings« so viel an Zuwachs von Leichtigkeit und Ausstrahlung bewirkt, dass die Reiter es kaum fassen konnten.

Abschließend möchten wir zu dem Thema Balance noch eine Aussage treffen. Pferde werden nicht geboren, um geritten zu werden. Pferde sind für sich alleine perfekt ausbalanciert. Sie können sich von Geburt an in jeder Situation perfekt ausbalancieren. Ungeschulte Pferde dann als schief und therapiebedürftig zu bezeichnen, erscheint uns nicht treffend. Hier geht es darum, Pferde für den Umgang mit dem Handicap Reiter zu schulen. Wenn wir uns entschließen, das Pferd als Reittier zu nutzen, dann haben wir auch die Verantwortung, das Pferd durch eine solide Schulung in die Lage zu versetzen, uns tragen zu können, ohne dabei Schmerzen zu empfinden oder geschädigt zu werden. Manches Konzept verspricht dem Reiter und Pferdebesitzer, das für ihn zu erledigen. Das bringt nach unserer Erfahrung ebenso wenig dauerhaften Erfolg, als wenn ich mein Pferd zu einem Trainer gebe, damit der es korrigiert und für mich »einstellt«. Zurück zu Hause wird das alte Verhalten sehr schnell wieder eintreten, wenn

Anspannung durch Disbalance

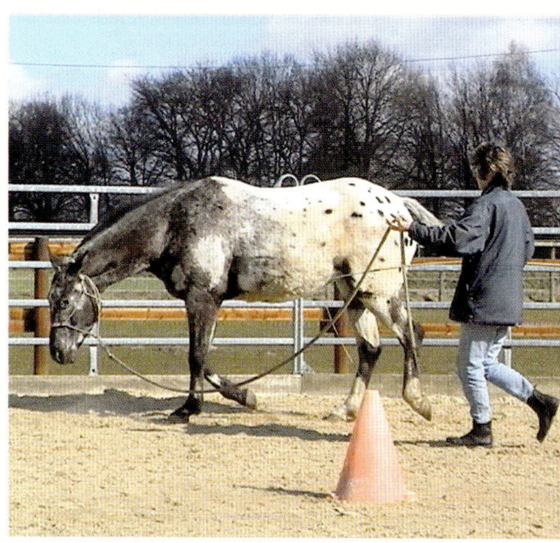

Gelassenheit und Entspannung durch Balance

nicht sogar ausgeprägter als vorher. Dauerhafte Erfolge gibt es nur, wenn der Reiter selber ein Verständnis für die Problematik erwirbt, um handlungskompetent zu werden. Dann wird er künftig diese Problematik bei seinem Pferd selber gar nicht erst entstehen lassen, oder aber er kann sie selber beheben. Diese Herangehensweise birgt auch nicht die Gefahr der Abhängigkeit von Trainern oder Lehrern.

Die Balancierung des Pferdes ist keine Therapie, die irgendeinen Mangel beheben soll, sondern sie ist eine verantwortungsbewusste und fördernde Schulung des Pferdes für seine Bestimmung als Reittier.

Wie erreiche ich, dass mein Pferd selber seine Balance herstellt?

Das Pferd soll nun lernen, autonom für sich zu sorgen. Das bedeutet, dass es lernen muss, die Disbalance des Reiters zu kompensieren. Das erreichen wir, indem wir das Pferd bewusst und in einem gezielten Rahmen aus seiner vorher erlernten Balance bringen, damit es Gelegenheit erhält, sich aus einem eigenen Bedürfnis wieder in den Balancezustand auf zwei Spuren zurückzubringen. Dabei muss die Störung sehr prägnant und effektiv, aber auch kurz und begrenzt sein. Die nachfolgende Auspendelungsphase muss ausgedehnt, absolut störungsfrei und für das Pferd angenehm verlaufen. Damit wollen wir zum Ausdruck bringen, dass die Störung der Balance unter deutlichem Einsatz von Fahrpeitsche, Arbeitsseil mit impulsartiger Einwirkung und Körpersprache und durch die Stimme des Menschen erfolgen soll. Die Rückpendelungsphase in die Balance soll ausschließlich durch körpersprachliche Einwirkungen und durch eine beruhigende Stimme gekennzeichnet sein. Beim Stören der Balance wirke ich zuerst nur auf die Schulter des Pferdes ein. Das Hereinholen in den Kreis haben wir als Stufe 1 des Balancierungsvorgangs bereits beschrieben. Zusätzlich kann ich diese Technik rückwärts gehend aus einer Position von 45 Grad vor dem Pferd durchführen. Diese Position ist effektiver, denn ich kann dem Pferd nun, wenn es in den Kreis hineinkommt, Signale für einen Handwechsel geben, um es dann, kurz bevor es gerade auf mich zukommt, durch ein deutliches Fahrpeitschensignal und einen schnellen Schritt von vorne schräg auf die Schulter zu wieder zurück nach außen bringen. Wir nennen diese Technik den Handwechsel ohne die Hand zu wechseln: Das Pferd kreuzt vorwärts-einwärts, um unmittelbar darauf mit Schub nach vorwärts-auswärts zu kreuzen. Es macht dabei die Erfahrung, dass der Lastwechsel hier unterbleibt. Diese Technik vermittelt dem Pferd eine enorme Flexibilität und Sicherheit in der Vorwärts-seitwärts-Bewegung der Schulter, so dass das Pferd später Hindernissen elegant ohne Lastwechsel, ohne Schräglage und somit ohne die ansonsten zwangsläufige Tempoerhöhung ausweichen kann. Ein weiterer Vorteil dieser Technik besteht darin, dass sich das Pferd sehr schnell und effektiv in seiner Aufmerksamkeit wieder auf mich fokussieren kann, wenn es bei der Bodenarbeit einmal den »Autopiloten« einschaltet und in schöner Harmonie und Balance die Handwechsel und andere Manöver als Automatismus abspult. Dieser vorauseilende Gehorsam, ohne dass das Pferd wirklich auf mich achtet und an meinen Hilfen steht, würde das Respektverhältnis untergraben.

Wichtig ist in diesem Zusammenhang, dass die Signale so deutlich sind, dass das Pferd wirklich von der Balance in die Disbalance und von der Disbalance wieder in die Balance zurückkommt. Es muss ein deutlicher vorher/nachher Effekt entstehen. Die sich anschließende Stabilisierungsphase soll bei dem Pferd das Selbstverständnis etablieren, das es jederzeit von sich aus in der Lage ist, den erstrebenswerten Balancezustand wieder herzustellen. Auf uns selbst übertragen würden wir das als solide Handlungskompetenz bezeichnen.

Beherrscht das Pferd die Selbstregulation in seiner Vorhand, konzentriere ich mich auf seine Hinterhand. Dazu gehe ich in die Grundposition (Peitsche 90 Grad), nehme das Arbeitsseil auf Kontakt, so dass Hals und Kopf nach einwärts gestellt sind und führe den Arm mit dem Arbeitsseil ausgestreckt seitwärts nach hinten an meinem Körper vorbei. Dann gehe ich in der 90-Grad-Position auf die Hinterhand zu, wodurch ich bewirke, dass das Pferd mit der Hinterhand vor mir weicht und mit der Hinterhand einen größeren Zirkel läuft als mit der Vorhand. Wenn ich das Pferd in seiner Schrittfolge beobachte, werde ich bemerken, dass es dadurch eine Lastverteilung auf die innere Vorhand erfährt. Dabei greift die innere Hinterhand zunächst weit über die äußere Hinterhand hinaus nach vorne außen. Gleichzeitig ist der innere Hüfthöcker deutlich niedriger als der äußere. Auf die innere Vorhand folgend, greift die äußere Hinterhand ebenfalls weit nach außen vorne. Dadurch entsteht ein »Drift-Effekt«.

Genau diesen Zustand, der keineswegs erwünscht ist, können wir regelmäßig bei Reitern beobachten, die es gelernt haben, beim Reiten von gebogenen Linien auf dem inneren Gesäßknochen zu sitzen und vermehrt Kontakt am inneren Zügel zu haben, während der äußere Zügel durchhängt. Dieser Zustand bringt das Pferd in Bedrängnis. Es muss einen enormen Aufwand betreiben, um diesen Zustand zu kompensieren. Genau diese Kompensation wird jedoch vom Reiter als unangenehm und Angst auslösend erlebt und meistens als Widersetzlichkeit des Pferdes gesehen und geahndet. Hier gilt es, ein schlimmes Missverständnis zwischen Reiter und Pferd zu heilen.

Zurück zu unserer Technik: Driftet das Pferd deutlich mit der Hinterhand nach außen (bei gleichzeitig einwärts gestelltem Kopf), so löse ich die Situation wieder auf, indem ich die Seilhand wieder nach vorne gebe, dabei das Seil erschütterungsfrei so weit wie möglich durch meine Hand rauschen lasse, und ich mich schnell von schräg hinten in die gedachte Reiterschenkelposition hinter die Schulter des Pferdes bewege, also von meiner vorherigen 90-Grad-Position in Richtung Kopf des Pferdes. Es bedarf nun einer wesentlich längeren Phase, damit das Pferd sich wieder stabilisieren kann. Wir können davon ausgehen, dass die meisten Reitpferde - und alle Pferde, die longiert werden, diese Störungssituation bestens kennen. Haben sie die Balance auf zwei Spuren erst erlebt, werden sie sehr missmutig auf diese von uns hervorgerufene Disbalance reagieren.

Die in diesem Buch immer wieder abgebildete Quarter-Horse-Stute »Cutters Gingersnap«, mit der dieses Bodenarbeitskonzept über Jahre entwickelt und verfeinert worden ist, haben wir für Schulungszwecke in unseren Seminaren in den verschiedensten Situationen gefilmt. Bei dieser letzten Technik mussten wir die Aufnahmen mehrfach wiederholen, so dass »Gini« etliche Zirkel in dieser erzwungenen Disbalance mit driftender Hüfte laufen musste. Als wirklich perfekt geschultes Pferd

Zug am inneren Zügel …

kompensierte sie diese, solange es irgend möglich war. Doch schließlich hatte sie die Nase gestrichen voll. Sie blieb mir gegenüber entrüstet stehen, sprang mit allen Vieren in die Luft, um dann auf der Hinterhand stehend einmal mit der Vorhand nach links, dann nach rechts zu springen. Sie konnte es offenbar nicht anders zum Ausdruck bringen, wie es ihr widerstrebte, in solch einer unkomfortablen Haltung laufen zu müssen. Diese unkomfortable Haltung ist für viele Pferde Alltag. Wir sollten uns deutlich machen, dass wir diese Übung nicht zu lange durchführen, vor allem nicht zu oft wiederholen. Insbesondere unter dem Sattel werden uns unsere Pferde sehr schnell darauf hinweisen, dass sie diese erzwungene Fehlhaltung nicht mehr wünschen. Hier gilt, wie so oft:

Weniger ist mehr.

Eine weitere Störung der Balance erreiche ich, indem ich das Pferd auf dem Zirkel mit treibenden Hilfen beschleunige. Dadurch entsteht beim ungeübten Pferd schnell Stress. Stress bedeutet Spannung. Spannung resultiert in Fluchtimpuls. Der Fluchtimpuls führt zur Balance auf einer Spur. Es dürfte dem Leser an diesem Punkt deutlich sein, wie wichtig es ist, diese Situation zu trainieren und damit zu entspannen. Lernt das Pferd am Boden, auf gebogener Linie dosiert zu beschleunigen und sein Tempo wieder zu reduzieren, ohne die Balance auf zwei Spuren zu verlieren, so kann es das ohne Probleme auf die Arbeit unter dem Sattel übertragen.

... erzeugt immer Disbalance.

Eine weitere Möglichkeit zur Schulung des Pferdes zur selbstständigen Balancekorrektur besteht darin, dass ich rückwärts laufe. Das Pferd folgt mir. Ich lasse es durch ständige Handwechsel Schlangenlinien gehen. Dadurch kann ich es auf einer geraden Linie permanent vor mir her wechseln lassen oder auch, indem ich selber einen Kreis laufe, Schlangenlinienwechsel abrufen. Während ich gerade rückwärts laufe, kann ich parallel zu meiner Linie, Pylonen im Abstand von fünf Metern aufstellen, die dem Pferd zusätzlich als Orientierung dienen, um seine Balance auf zwei Spuren, jeweils auf der Pylonenseite wieder zurückzufinden.

Es ist sehr wichtig, immer beide Hände des Pferdes zu schulen. Erfahrungsgemäß neigen wir dazu, unsere Schokoladenseite und die des Pferdes zu favorisieren, da dabei alles besser klappt. Letztendlich rächt sich das. Es entsteht eine einseitige Belastung.

Es gibt viele weitere Möglichkeiten, das Pferd in seiner Balance zu stören und sie wieder herzustellen. In diesem Stadium sind der Fantasie des Menschen keine Grenzen gesetzt, solange nicht mit Zwang, Ausbindern oder anderen einengenden Hilfsmitteln gearbeitet wird. Wir selber setzen Pylonen, Cavaletti, Stangen, Bälle und andere Utensilien ein, um das Pferd effizient in allen Bewegungsabläufen in perfekter Balance zu schulen. Wir arbeiten mit den Pferden in allen denkbaren Situationen und Umgebungen. Dabei beziehen wir auch natürliche Hindernisse (z.B. Pfützen) in unser Training mit ein. Schule ich das Pferd dabei in seiner Balance, lasse ich es Pfützen geschickt umlaufen, so dass ich die Pfützen als Helfer benutzen kann, damit das Pferd sich stellt und biegt. Schule ich dagegen Respekt und Vertrauen, lasse ich das Pferd die Pfützen durchlaufen oder das Pferd darin anhalten und stehen.

Immer sollte es für das Pferd nachvollziehbar sein, was ich tue und warum ich es tue. Ein unkoordiniertes Training mit nicht nachvollziehbarer Absicht, wobei ich je nach Laune entscheide, was ich gerade will oder nicht, ist kontraproduktiv und zerstört Respekt, Vertrauen und die Arbeitsmotivation des Pferdes.

Gymnastizierung des Pferdes

Für viele Reiter ist die Gymnastizierung des Pferdes das große Buch der Unbekannten. Wir unterscheiden die *Wendung*, wobei das Pferd gerade gerichtet mit überkreuzenden Vorderbeinen die Richtung wechselt. Weiterhin die Seitwärtsbewegung (gerade Linie, entspricht Schenkelweichen), wobei das Pferd mit kreuzenden Vorder- und Hinterbeinen seitwärts geht. Und die Vorwärts-seitwärts-Bewegung, wobei das Pferd mit Vorder- und Hinterbeinen kreuzt, aber die Vorwärtsbewegung nicht unterbunden wird (vergleichbar mit Viereck verkleinern und vergrößern).

Daneben gibt es die *Biegung*, wobei das Pferd hohl gebogen, (also nach der Balancierung) auf zwei Spuren einen Zirkel läuft. Dabei setzt es das innere Vorderbein vorwärts-einwärts, das äußere Vorderbein folgt. In der Längsrichtung biegen kann sich das Pferd zu 90 Prozent hinter der Schulter, indem es den Rippenbogen nach außen bringt und minimal im Bereich der Hüfte, was wir bei einem balancierten Pferd vernachlässigen können, da es die Hinterhand in der Linie der Vorhand führt. Die Biegung ist ein außerordentlich wichtiges Gymnastizierungselement, das lebenslang trainiert werden muss. Damit hat es folgende Bewandtnis:

Nach jahrelanger Erfahrung mit vielen Pferden verschiedener Rassen können wir die Aussage treffen, dass die allermeisten Pferde sich leichter und lieber nach links biegen als nach rechts. Das bedeutet praktisch, dass sich die linkseitige Muskulatur des Pferdes sehr gut kontrahieren kann, während sich die rechseitige Muskulatur sehr gut dehnen kann. Das Pferd hat untrainiert linkseitig eine verkürzte Muskulatur, rechtsseitig dagegen eine gedehnte. Soll sich das Pferd nun nach rechts biegen, muss sich die gedehnte, eher »labberige« Muskulatur kontrahieren, die verkürzte, linksseitige Muskulatur des Pferdes, die nun die Außenseite darstellt, sich dehnen. Aus den Gymnastikübungen, die wir selber erlebt haben, wissen wir, wie schwer das ist. Hier bringt es nichts, nach der Holzhammermethode Maximalleistungen zu erzwingen, sondern hier muss eine allmähliche, behutsame und sachkundige Trainingsarbeit einsetzen, die die Einhändigkeit des Pferdes schließlich kompensiert.

Wir möchten betonen, dass es sich hier um einen wochen-, wenn nicht sogar monatelangen Trainingsprozess handelt, der nur dauerhafte Erfolge bringt, wenn das Training mit Spaß und Freude einher geht. Artet die Gymnastizierung in Drill und Schinderei aus, kann jeder sich unschwer vorstellen, dass die Übungen das Pferd bald nerven, und es die Bodenarbeit als etwas Unangenehmes empfindet. Das sollte niemals passieren!

Aus diesem Grunde darf eine Gymnastizierung nie mit Ausbindern oder anderen Hilfszügeln erzwungen werden.

Wichtig
Die Gymnastizierung sollte mit abwechslungsreichen und interessanten Bewegungsanreizen und unbedingt in freier Selbsthaltung und Balance erfolgen.

Ich kann dabei immer nur so viel Biegung abfragen, wie das Pferd in der Lage ist, sie balanciert auf zwei Spuren nachzuvollziehen. Verliert das Pferd hingegen seine Balance, was ich an der Fußung der Hinterhand und der Hüftstellung erkenne, habe ich überzogen. Der Leser möge dabei an das Beispiel mit der Schraube denken: Nach *fest* kommt *ab*. Wir geben zu bedenken: Wenn wir mehr fordern, als das Pferd in der Lage und bereit ist uns zu geben, hört der Spaß auf. Damit riskiere ich das Vertrauen meines Pferdes, welches einer der elementaren Stützpfeiler für eine harmonische Beziehung ist. Manche Pferde haben enorme Schwierigkeiten, sich nach rechts zu biegen und dabei die Balance zu wahren. Hier sind viel Geduld und Einfühlungsvermögen erforderlich. Ergeiz ist hier fehl am Platz.

Es ist bei jedem Pferd möglich, die Einhändigkeit durch gezielte und verständige Bodenarbeit auszugleichen. Wir haben mit Gini in den Anfangsjahren so viel auf der rechten Hand gearbeitet, dass diese schließlich deutlich besser ausgebildet war als die linke. Die Gymnastizierung eines Pferdes ist nicht ein Prozess, der zielorientiert ist und danach vernachlässigt werden kann. Es ist lebenslang erforderlich, daran zu arbeiten, zu verfeinern und gegebenenfalls nachzujustieren. Ebenso, wie es ein lebenslanger Prozess ist, an unserer Einhändigkeit und einer Integration der Gehirnhälften zu arbeiten.

Wir müssen uns dabei verdeutlichen, dass auch wir eine Schokoladenseite haben und dass uns Dinge mit der einen Hand besser gelingen als mit der anderen. Es ist von unglaublichem Wert für uns Menschen, wenn wir durch die Arbeit mit dem Pferd auf beiden Händen unsere eigenen motorischen »Handicaps« aufarbeiten und durch Integration der rationalen sowie emotionalen Gehirnhälfte erlernen, beide Komponenten gleichwertig in unser Leben und unseren Ausdruck zu integrieren. Kopf und Bauch, sowohl als auch, sind besser als viel Verstand ohne Herz oder viel Herz ohne Verstand.

Beginnen wir mit der Biegung. Die Biegung des Pferdes erreiche ich, indem ich es in der Grundposition (90 Grad) auf dem Zirkel gehen lasse. Dabei gehe ich in einem Kreis von einem Meter Durchmesser um eine Pylone herum. Diese ist als Orientierungspunkt für mich sehr wichtig. Ich bin sozusagen ein Fels in der Brandung, an dem sich das Pferd orientiert und nicht umgekehrt. Es ist nicht sinnvoll, dass ich von meinem Pferd hinter ihm hergezogen werde, wie es dem Pferd beliebt. Das Pferd soll lernen, sich um mich zu biegen, wobei ich nicht statisch auf der Stelle stehe. So wäre eine körpersprachliche Einwirkung nicht mehr möglich.

Läuft das Pferd in perfekter Balance um mich herum, was ich daran bemerke, dass es Kopf und Hals entspannt fallen lässt – und erst dann – führe ich das Arbeitsseil ohne Ruck zu meinem hinteren Knie. Wenn das Pferd z.B. auf der linken Hand läuft, führe ich das Seil vor meinem Körper her, also in Richtung meines rechten Knies. Dabei gehe ich mit der Fahrpeitsche, die sich hinter der Schweifrübe befindet, auf das Pferd zu (wie bei Stufe 2 der Balancierübung beschrieben). Das Pferd wird nun schauen wollen, was ich dort hinten mache. Es wird sich mit dem Kopf einwärts-abwärts zu mir umdrehen. Es wird auf der linken Hand sehr schön aussehen. Ich kann damit eine enorme Biegung abfragen.

Auf der rechten Hand dagegen wird das Pferd dadurch schnell seine Balance verlieren und mit dem Kopf zum Ausgleich nach oben außen schauen. In diesem Fall nehme ich die Hand von meinem hinteren Knie seitwärts an meiner Hüfte vorbei hinter meinen Körper zurück (mein Arm ist in Hüfthöhe nach hinten ausgestreckt), wobei ich ohne Ruck

Die Pylone wird zum Punkt, um den sich das Pferd biegt.

so viel Zug aufbaue, dass das Pferd etwas mehr nach innen schaut, als in Geradeaus-Stellung. Dabei ist es unverzichtbar, dass ich, während ich den Zug aufbaue, das Pferd mit der Fahrpeitsche und meinen Beinen und Stimme antreibe und damit Schub verursache, der das Pferd mit der Hinterhand tief unter seinen eigenen Schwerpunkt treten lässt. Damit wird ein Ausbrechen der Hüfte nach außen verhindert.

Nach einer kurzen Phase der Biegung lasse ich das Pferd sich wieder entspannen, indem ich die Hand mit dem Arbeitsseil nach vorne richte. Das Seil lasse ich auf ganze Länge durch meine Hand rauschen. Ich selber bewege mich nicht aus dem Radius von einem Meter von der Pylone heraus. Hat das Pferd sich wieder entspannt und lässt Kopf und Hals fallen, verkürze ich das Seil wieder mit beiden Händen auf Kontakt und wiederhole die Übung. Man kann es sich so vorstellen, dass es die erste Stufe der Biegung darstellt, wenn ich meine Hand zum hinteren Knie nehme. Bei Stufe 2 führe ich die Seilhand seitlich an meinem Körper nach hinten, bis ich Kontakt spüre.

Für alle Balancierungs- und Gymnastizierungsübungen gilt, dass der Schwierigkeitsgrad für das Pferd höher wird, je mehr ich das Seil verkürze. Dazu ist zu sagen, dass die Einwirkung auf das Arbeitsseil durch feine Impulse umso feiner werden muss, je kürzer ich das Seil führe. Es gibt Übungen, bei der ich das Seil auf einen Meter Länge verkürze. Ist das Pferd in diesem Stadium, brauche ich die Impulse im wahrsten Sinne des Wortes nur noch zu denken. Immer wenn ich gezwungen bin, an dem Arbeitsseil zu ziehen, deutet das entweder auf ein Respektproblem des Pferdes, oder aber zu wenig Eigenbewegung des Menschen hin (zu träge, zu langsam oder zu schwerfällig).

Wir müssen an dieser Stelle auf eine Unterscheidung hinweisen, die auch bei der Zügelführung beim Reiten eine große Rolle spielt. Wir müssen das Ziehen vom Halten unterscheiden. Halten bedeutet, dass ich das Seil festhalte und meine Armmuskulatur blockiere. Ich halte das Seil fest in seiner Position. Damit setze ich dem Pferd eine Grenze, ich gebe ihm einen Rahmen, der ihm schließlich auch Konstanz und Verlässlichkeit signalisiert. Gibt das Pferd auch nur ein Stück weit nach, so ist der Druck augenblicklich weg. Das Pferd lernt, dass es sich selbst diesen Druck gemacht hat. Ziehe ich hingegen an dem Seil, so habe ich die Tendenz, das Seil zu verkürzen. Gibt das Pferd jetzt nach, verkürzt meine Bewegungsrichtung das Seil erneut und der Zug hält an. Das Pferd lernt nicht, dass es sich selbst den Druck gemacht hat. Es lernt vielmehr, dass ich ihm diesen Druck mache, der selbst, wenn das Pferd nachgibt, weiterhin anhält. Das Pferd wird mich dadurch als Feind empfinden. Es wird mit den ihm zur Verfügung stehenden Mitteln versuchen, sich meinem Einfluss zu entziehen.

Für die Gymnastizierung gilt, wie bei allen Techniken: Alles was ich durch körpersprachliche Einwirkung, also durch meine Bewegung erzielen kann, ist besser als Impulse mit Arbeitsseil und Peitsche. Insbesondere die Impulse über das Arbeitsseil haben große Auswirkungen auf Kopf, Muskeltonus und Balance des Pferdes. Ich sollte sie so sparsam wie möglich einsetzen. Übermäßige Aktionen mit der Fahrpeitsche dagegen verbrauchen sich. Das Pferd stumpft ab und wird dickfellig gegenüber den Reizen. Ich muss letztendlich immer mehr tun, um den gleichen Effekt zu erzielen. Da das Pferd lernt, dass ihm von der Peitsche keine Gefahr droht, wird es mich aufgrund der Reizüberflutung durch zu viel Peitschenwedeln bald nicht mehr respektieren. Werde ich daraufhin wütend und schlage das Pferd, so verliert es zudem das Vertrauen zu mir. Nun ist sowohl Respekt als auch Vertrauen zerstört. Erhöhe ich dann meine Aggression, erzeuge ich eine außerordentlich ge-

Biegung des Pferdes am losen Seil.

ährliche Konstellation, in der das Pferd mit allem, vas ihm zur Verfügung steht, gegen mich kämpen wird. Wir möchten noch einmal ausdrücklich larauf hinweisen, dass Pferdisch mit gewaltorienierten Einwirkungen absolut nicht kombinierbar st. Ich muss mich entscheiden, wie ich mit meiem Pferd umgehen will und das konsequent lurchführen. Was wir säen, werden wir ernten. ‹us diesem Grund sollte der Einsatz der Fahrpeitche sparsam sein und durch expressive Bewegungsimpulse des eigenen Körpers mit der dazugehörigen inneren Einstellung, stimmliche Einwirungen und insbesondere durch ein ausdrucksstarkes, ernst zu nehmendes Auftreten als Autoriät ersetzt werden.

Ait Schub zu laufen und unserer klaren Absicht onsequent Ausdruck zu verleihen, ist unsere ektion, die wir dabei zu lernen haben. Der Vollständigkeit halber möchten wir in diesem Stadium ıoch einmal daran erinnern, dass die Pause und las Lob die Motivation für eine positive Arbeitsıaltung des Pferdes darstellen.

Vill ich mein Pferd seitwärts richten, so stelle ich s vor die Bande oder vor einen Zaun, halte die ahrpeitsche in einem Meter Abstand parallel zu einer Längsrichtung und gebe stimulierende Bevegungssignale mit meinen Beinen, meiner chulter und meiner Stimme. Die Fahrpeitsche lient der Ausrichtung. Dreht sich das Pferd mit ler Vorhand von mir weg, zupfe ich am Arbeitseil. Dreht es sich mit der Schulter zu mir, schlakere ich mit dem Arbeitsseil. Entzieht das Pferd ich rückwärts, begrenze ich das Pferd im 90-Grad-Winkel mit der Fahrpeitsche und schlackere gleichzeitig mit dem Seil.

ieht es nicht los, gehe ich betont auf der Stelle ınd führe zusätzlich die Fahrpeitsche, die parallel um Pferd gehalten wird, hoch und runter. Ich forlere anfangs nur zwei oder drei Schritte und beohne diese mit einer langen Pause und viel Lob.

Aus einer Kombination der bisherigen Techniken lerne ich bald, jede beliebige Bewegung gerade gerichtet oder gebogen von meinem Pferd abzufragen. So geschult ist es nur noch ein kleiner Schritt, diese auch unter dem Sattel abrufen zu können. Es ist für das Pferd leichter, die ungewohnten Bewegungsabläufe zunächst ohne das »Handicap« Reiter zu erlernen und die entsprechend erforderliche Muskulatur zu trainieren.

Die Gymnastizierung findet schließlich Ausdruck in der Durchführung einer perfekten Figur Acht. Diese haben wir bereits beim Handwechsel kennen gelernt. Wir lassen das Pferd abwechselnd um zwei Pylonen im Abstand von fünf Metern mit dazwischen liegendem Handwechsel traben. Doch nun geschieht das zusätzlich in perfekter Balance, wobei sich das Pferd an den Pylonen als Voltenmittelpunkt orientiert. Insofern brauchen wir die Biegung auf zwei Spuren bald nicht mehr abzurufen, da das Pferd sie hier von sich aus vollzieht. Es gymnastiziert sich dabei quasi selbstständig, indem es immer zwischen Linksbiegung, dann Geraderichtung auf der Diagonalen zwischen den Pylonen, dann Rechtsbiegung um die andere Pylone abwechselt.

Mit der Zeit kann ich den Schwierigkeitsgrad und die Trainingsintensität erhöhen. Dafür variiere ich mit der Seillänge und dem Pylonenabstand. Haben die Pylonen einen großen Abstand, erziele ich kleine Volten mit einer langen Phase der Geraderichtung und Entspannung auf der Diagonalen. Es ist eine Übung für fortgeschrittene Pferde. Stelle ich die Pylonen dagegen eng, läuft das Pferd große Volten, wobei die gerade gerichtete Phase nur kurz ist und in eine geschwungene Volte übergeht. Auch das ist eine Übung für fortgeschrittene Pferde. Unter Berücksichtigung der kontinuierlichen Balance des Pferdes, erkennbar an der Fußung der Hinterhand und der Hüftneigung, wird der Leser sehr schnell ein Gespür für das richtige Maß des Abstands der beiden Pylonen für sein Pferd herausfinden. Für die Seillänge gilt, je näher ich mich am Pferd befinde, umso gezielter und feiner kann ich es in dem Rahmen zwischen Fahrpeitsche und Seil beeinflussen. Umso besser muss ich allerdings die Techniken und das Gefühl für meine exakte Position beherrschen und umso mehr muss ich mich selbst bewegen. Je länger mein Seil ist, umso mehr Respekt und Vertrauen muss das Pferd zu mir haben, denn ich lasse ihm Raum, die Bewegungen entsprechend meiner körpersprachlichen Signale auszuführen oder aber sich mir zu entziehen. Auch hier gilt, dass der Mensch schnell herausfinden wird, was jeweils für sein Pferd das richtige Maß ist. Wir erwähnten bereits, nach *fest* kommt *ab*.

Die Bodenarbeit nach dem Pferdisch Prinzip ist, wenn sie einmal beherrscht wird, eine Umgehensweise mit dem Pferd, die von den Menschen so beglückend erlebt wird, dass sie dem Genuss des Reitens in keiner Weise nachsteht. Für uns hat das Erlebnis der Arbeit am Boden mit den feinsten Einwirkungen und sofortigen hingebungsvollen Resultaten inzwischen sogar das Reiten in seiner Bedeutung übertroffen.

Vom Boden aus können wir Pferde schon nach kurzer Zeit regelrecht in ihrer Bewegung zelebrieren. Wir können gröbste Probleme in Minuten bei jedem Pferd auf ein erträgliches Maß reduzieren und können ebenfalls in Minuten mit jedem Pferd die Eckpfosten für ein harmonisches und sicheres Miteinander setzen. Sicherlich ist es auch möglich, all das vom Sattel aus zu erreichen. Es ist allerdings viel schwerer! Es bedarf eines absolut balancierten, geradlinigen und konsequenten Reiters, der sich jederzeit darüber im Klaren ist, was er tut und warum. Da sich der Umgang mit dem Pferd vom Boden aus, ja sogar die Einwirkungen auf das Arbeitsseil, nahtlos auf mein Verhalten als Reiter übertragen lässt, ist die Bodenarbeit von unglaublichem Wert, um mein Pferd verstehen zu lernen und auch als Reiter harmonisch und sicher einwirken zu können.

Einen Ausblick möchten wir uns noch erlauben. Ein Reiter kann einen balancierten Sitz nur auf einem balancierten Pferd erlernen. Andernfalls hält er von Anfang an die erfahrene Disbalance für normal und erlernt, sie unbewusst durch eigene Fehlhaltungen und Zügeleinwirkungen zu kompensieren. Dann ist die Möglichkeit für das Pferd verbaut, zu erlernen, sich in freier Selbsthaltung auszubalancieren. Auf einem balancierten Pferd hingegen kann der Reiter in wenigen Tagen lernen, balanciert und ohne Kraftaufwand eine neutrale Haltung einzunehmen, aus der heraus es nur punktueller kleiner Reize bedarf, um das Pferd zu den gewünschten Bewegungsabläufen zu veranlassen. Somit ist die Bodenarbeit nicht Selbstzweck, sondern hinführende Voraussetzung für eine für beide Seiten angenehme Interaktion.

Die Klaustrophobieübung

Das Pferd ist nicht das ausschließliche Fluchttier, wie es in vielen Publikationen dargestellt wird. Vielmehr entscheidet das Pferd in Stresssituationen, ebenso wie der Mensch, ob es angreift oder flieht. Im Zweifelsfall wird es fliehen. Greift dieser Fluchtimpuls erst einmal, ist das Pferd, ebenso wie der Mensch, schmerzunempfindlich, seine Wahrnehmung ist wie bei einem Tunnelblick enorm eingeschränkt und es gibt nur noch ein Bestreben: WEG. Im freien Terrain gehen Pferde nicht rückwärts. Sie umlaufen Hindernisse kilometerweit, anstatt dass sie diese überspringen. Pferde sind sehr sicherheitsbewusst, ansonsten hätte die Gattung nicht bis heute überleben können. Es gibt bestimmte Situationen, von denen wir immer wieder gelernt haben, dass alle nicht geschulten Pferde diese Situationen vermeiden, wenn sie es können. Dazu gehören neben den zu überwindenden Hindernissen oder den zu durchwatenden Flussläufen auch uneinsehbare Senken, insbesondere jedoch alle Arten von Engpässen. Engpässe gibt es in Gebäuden, beim Durchschreiten von Toren oder Türen und im Gelände zwischen eng stehenden Bäumen im Wald.

Den Gipfel des Engpasses stellt jedoch der an vier Seiten begrenzte Pferdehänger dar. Die Scheu, diese Engpässe zu betreten, rührt aus der den Pferden angeborenen Klaustrophobie. Können Pferde den Engpass nicht vermeiden oder umgehen, zögern und scheuen sie zunächst, um dann »wie vom Teufel gehetzt« ohne Rücksicht auf Verluste hindurchzupreschen. Dabei können Pferde sich selbst, aber auch andere verletzen. Das Pferd kalkuliert dabei maximal die eigenen Körpergrenzen ein, manchmal nicht einmal diese. Wir haben häufig erlebt, dass Pferde beim Durcheilen solcher Hindernisse mit dem Hüfthöcker an Pfosten hängen bleiben und sich schwer verletzen. Ein solchermaßen auf der Flucht befindliches Pferd wird in diesem Zustand kaum Rücksicht auf Knie und Schenkel des Reiters oder auf dessen Abmessungen oberhalb des eigenen Körpers nehmen. Es wird jedermann einleuchten, dass hier diesbezüglich eine Schulung des Pferdes vorbeugend einsetzen muss.

Klaustrophobie bedeutet Platzangst, Angst vor Enge. Dieser Angst etwa mit Druck zu begegnen ist dabei nicht der richtige Ansatz. Das können wir immer wieder erleben, wenn Pferde mit Druck, Zwang, Schlägen, Schmerz und einengenden Seilen, Longen etc. verladen werden sollen. Hier kommt es oftmals zu sehr gefährlichen Situationen, bei denen Mensch und Tier zu Schaden kommen.

Angst, somit auch die Angst vor Enge, ist ein genetisch bedingter Schutzmechanismus, der das Überleben der Art sichern soll. Angst ist gleichzusetzen mit mangelndem Vertrauen. Es sind also immer vertrauensbildende Maßnahmen erforderlich, um nicht etwa die Angst als solche zu beseitigen, sondern vielmehr die Angst auslösende Situation so zu entschärfen, dass das Pferd Handlungskompetenz und somit Selbstvertrauen erwirbt.

Vertrauen entsteht durch immer wieder gute Erfahrungen, die das Pferd macht.

Das bedeutet, dass das Pferd in oder durch die Angst auslösenden Prozesse geleitet wird, ohne dass etwas passiert. Macht das Pferd immer wieder diese positive Erfahrung, wird es die zuvor Angst erzeugende Situation uminterpretieren, so dass der Fluchtimpuls nicht mehr ausgelöst werden muss, um die Situation zu bewältigen. Ein Training, um dieses Vertrauen herzustellen und zu verstärken, dauert eine Zeit lang. Es muss immer wieder aufgefrischt werden. Pferde sind nicht in der Lage, etwas, was sie auf der einen Hand erlernt haben, auf die andere Seite zu übertragen. Vielmehr müssen sie Lektionen auf der anderen Hand neu erlernen. Insbesondere die Klaustrophobieübung gestaltet sich in der Praxis oftmals auf der einen Hand wesentlich problematischer, als auf der anderen. Dem muss ich Rechnung tragen. Es versteht sich von selbst, dass sowohl Pferd wie auch Mensch nur in wirklich entspannter und angstfreier Atmosphäre tatsächlich lernen. Entspannt bedeutet dabei ohne Spannung im Körper. Wir haben bereits erwähnt, dass ein hoch getragener Kopf und ein angespannter Rücken auf eine große Vorspannung schließen lassen. Ebenso haben wir geschrieben, dass Pausen, ausgedehntes, beruhigendes Loben und eine Stimulanz mit meinen Fingerspitzen, die einen imaginären Tennisball halten und federnd auf die angespannten Muskeln des Pferdes tippen, eine Desensibilisierung und Entspannung bewirken.

Das Pferd wird in den Kanal geleitet …

… der Mensch dreht sich in Richtung Peitsche unter dem Seil her …

Wichtig
Erst, wenn das Pferd völlig entspannt Kopf und Hals fallen lässt und auch die Maulpartie völlig entspannt ist (hängende Unterlippe), führe ich die Klaustrophobieübung durch.

Bei einem gehetzten oder gestressten Pferd oder einem Pferd, das kein Respekt oder Vertrauen hat, wäre diese Übung kontraproduktiv und würde die an sich schon Angst auslösende Situation für das Pferd zu einem traumatischen Erlebnis werden lassen. In diesem Zusammenhang möchten wir noch einmal ausdrücklich erwähnen, dass als erstes Respekt und Vertrauen hergestellt werden müssen, um danach das Pferd balancieren und gymnastizieren zu können. Erst wenn beides geschehen ist, schließt sich die Klaustrophobieübung an. Erst danach ist ein Hängertraining wirklich sinnvoll.

Es sei erwähnt, dass wir die gesamte Bodenarbeit, wie beschrieben, schon mit Fohlen und Jungpferden durchführen können. Dabei beträgt bei Fohlen bis zum Alter von einem Jahr die Konzentrationsspanne nach unserer Erfahrung während einer Trainingseinheit (*Spieleinheit*) maximal acht Minuten. Bei Jährlingen kann ich das Training allmählich bis auf 20 Minuten steigern, wobei ich viele ausgedehnte Pausen einlege und viel Abwechslung biete. Bei einem ausgewachsenen Pferd, welches ich schule, oder auch bei Korrekturpferden, kann ich ohne weiteres 1–1,5 Stunden mit dem Pferd arbeiten. Dabei sind die Pausen ebenfalls elementarer Bestandteil zur Verfestigung des Gelernten. Und auch der Abwechslung muss ich große Aufmerksamkeit widmen.

Die Klaustrophobieübung ist ein unverzichtbares Ausbildungselement im Hinblick auf einen sicheren Umgang mit dem Pferd. Arbeite ich an der

... und zieht die Peitsche mit Schwung vor sich her nach hinten, ...

Klaustrophobie, muss ich bei jeder erkennbaren Spannung im Pferd entweder mein Programm variieren und dadurch Spannung abbauen, oder besser einen langen Break setzen, um dem Pferd Gelegenheit zu geben, sein momentanes Stressniveau wieder auf Null zurückzufahren. Ich muss mir immer wieder verdeutlichen, dass ich hier im Begriff bin, Vertrauen zu etablieren. Das ist mit Druck, Spannung oder Stress unvereinbar.

Die Idee bei der Klaustrophobieübung besteht darin, dass ich das Pferd, selber rückwärts gehend, in einen Engpass laufen lasse. Da ich dem Pferd dabei frontal zugewandt bin, befinde ich mich in der klassischen Leitstutenposition. Das Pferd kann sich somit sicher »anhängen« und unter meiner Obhut und meinem Schutz seine neuen Erfahrungen machen. Dazu gehe ich folgendermaßen vor:

Ich nutze zur Herstellung des Engpasses die Bande in der Reithalle bzw. einen Zaun auf dem Reitplatz. Geeignet ist auch die Umgrenzung des Roundpens, wenn ich auf einer gebogenen Linie arbeiten möchte. Ob ich dabei auf der Geraden oder auf der gebogenen Linie arbeite, ist dabei unerheblich. Entscheidend ist, dass, während ich rückwärts gehe, meine Seilhand der Bande zugewandt ist. Die Peitsche wird parallel zur Bande geführt, indem ich sie von meinem Körper im 90-Grad-Winkel wegstrecke, während ich rückwärts gehe. Ich kann durch zusätzliche eige-

... um dann das Pferd mit losem Seil weich in die Kreisbahn zurückzulenken.

ne Seitwärtsbewegungen den Kanal enger oder weiter machen. Die Peitsche muss dabei wirklich parallel zur Bande gehalten werden. Würde ich sie zur Bande schwenken, würde das dem Pferd einen zusätzlichen Engpass signalisieren. Schwenke ich sie von der Bande weg, entsteht ein Trichtereffekt, der sich ebenso negativ auf das Pferd auswirkt.

Während ich rückwärts gehe, variiere ich den Abstand zur Bande (Breite des Kanals), der zu Beginn vielleicht sechs bis acht Meter beträgt, allmählich bis zu einem Maß, wo ich merke, dass das Pferd in seiner Bewegung stockt. Daraufhin vergrößere ich die Breite wieder um einen Schritt. Ich bewege mich mit Trabschritten auf der Stelle, um das Pferd zu stimulieren im Trab zu bleiben. Mit der Fahrpeitsche mache ich treibende Bewegungen, indem ich sie parallel zur Bande von unten nach oben und zurückführe. Damit veranlasse ich das Pferd, weiterzutraben. Ich nehme meine Seilhand dann mit ausgestrecktem Arm über meinen Kopf. In dem Moment, wo das Pferd mit seiner Schulter meine Schulter passiert, drehe ich mich um meine eigene Achse schwungvoll in Richtung Peitschenhand einmal herum, bis meine Breitseite wieder dem Pferd zugewandt ist. Die Peitsche führe ich dabei parallel zu meinem Körper mit dem Peitschenende zum Boden, damit ich das Pferd nicht unbeabsichtigt touchiere. Mit einem deutlichen »schschscht« stimuliere ich das Pferd am Ende der Peitschenbewegung, den Engpass hinter mei-

In der Drehung ...

nem Rücken weiter zu durchlaufen, um dort nicht etwa stecken zu bleiben. Wieder in meiner Grundposition fange ich das Pferd weich ein, indem ich einige Schritte in Richtung seines Kopfes laufe, um es nicht durch ein stramm werdendes Seil (Ruck) herum und in Disbalance zu reißen.

Aus Sicht des Pferdes passiert Folgendes: Es wird in einen Engpass geleitet. Geleitet, weil der Mensch es aus der Leitstutenposition heraus führt. Das schafft Vertrauen. Der Mensch ist immer einige Meter auf dem Weg voraus. Das Pferd spürt, dass der Mensch die Passage verkleinert, aber auch genau registriert, wann sie für das Pferd zu eng wird und daraufhin wieder vergrößert. Das schafft Vertrauen beim Pferd und zeigt ihm, dass der Mensch Verständnis für seine Ängste hat. Dann erlebt das Pferd, dass der Mensch treibend einwirkt, durch stampfende Schritte den Trab erhält und mit der parallel zur Bande wippenden Peitsche den Vorwärtsschub stimuliert. Das Pferd merkt, dass der Mensch im Gipfelpunkt der Situation, nämlich wenn es sich hinter ihm befindet, mit einer dynamischen, schwungvollen Bewegung und einem deutlichen pfeifenden Geräusch mit der Peitsche (»schschscht«) parallel am Pferd entlang nach hinten in die Hengstposition wechselt und dass trotz dieser Aktion gar nichts passiert, sondern dass der Mensch es wieder weich einfängt und in die gewohnte Grundposition auf die Kreisbahn bringt.

... wird die Peitsche nah am Körper geführt ...

Der Menschen erkennt durch die Klaustrophobieübung, wie er beim Pferd Stress auslösen oder wie er es beruhigen kann, alleine durch die Gestaltung des Engpasses. Er erfährt, wie dynamisch er sich gegenüber dem trabenden Pferd rückwärts bewegen muss, damit dieses ihm vertrauensvoll folgen kann. Er sieht, wie viel Vertrauen er gegenüber dem Pferd entwickeln muss, um dieses in der Anfangsphase hinter seinem Rücken vehement durch den Engpass stürmen zu lassen, wobei er die Situation mittels seiner Körperdrehung und dem Fahrpeitscheneinsatz nicht nur hervorruft, sondern zugleich auch kontrolliert, um das Pferd unmittelbar daraufhin alleine durch einige schnelle Schritte Richtung Pferdekopf (Einfangen des Pferdes auf die Kreisbahn durch Stufe 2 der Balanceübung) wieder in ein gewohntes, vertrautes und entspanntes Miteinander zurückzuführen.

Diese Klaustrophobieübung ist höchst anspruchsvoll für Mensch und Pferd. Sie sollte, wie alle anderen Übungen, nicht überstrapaziert werden. Weniger ist mehr. Lange Pausen mit einem ausgedehnten Loben bis zur Entspannung von Pferd und Mensch sind hier unverzichtbar. Allmählich wird es möglich sein, den Abstand zur Bande immer weiter zu verringern, bis das Pferd schließlich völlig stressfrei in dem etwa einen Meter breiten Durchgang hinter dem Menschen angehalten werden kann und dort entspannt, ruhig und vertrauensvoll stehen bleibt. Es ist rat-

... und dann mit einem »schschscht« nach oben hinten geführt.

sam, zunächst auf einer Hand zu trainieren. Damit meinen wir nicht, bis das soeben beschriebene Endziel erreicht ist, sondern bis das Pferd in einem gewissen Abstand stressfrei, das heißt mit tiefem Kopf und entspannter Unterlippe durch den Engpass läuft. Erst dann wechseln wir auf die andere Hand, wobei wir nicht enttäuscht sein dürfen, wenn das Pferd uns signalisiert, dass es gar nicht weiß, was wir mit dieser Übung bezwecken wollen. Es ist wirklich so, dass das Pferd diese Übung auf der anderen Hand völlig neu erlernen muss.

Zur technischen Durchführung gehen wir in unseren Seminaren so vor, dass die manuellen Techniken der Klaustrophobieübung, also die Bildung des Kanals, der zügige Rückwärtstrab, die Körperdrehung unter dem Seil her und der durchtreibende Impuls mit der Peitsche aus der Drehung heraus bis in den 90-Grad-Winkel, sowie das anschließende Einfangen des Pferdes nur durch Körpersprache ohne Ruck in das Seil zunächst ohne Pferd eingeübt werden. Dabei spielt eine zweite Person das Pferd und gibt dem Menschen Gelegenheit, diese Techniken sicher einzustudieren. Es wird sicherlich diverse Male vorkommen, dass der Mensch sich mit Seil und Peitsche verheddert, was in den Seminaren immer jede Menge Spaß verursacht. Mit einem Pferd, das wirklich unter Klaustrophobie leidet, ist das nicht erstrebenswert. Erst wenn ich die Übung als Partnerübung beherrsche, sollte ich diese mit einem Pferd praktizieren.

Wichtig
Auch bei dieser Übung ist Ehrgeiz kontraproduktiv.

Beherrscht das Pferd die Klaustrophobieübung zu meiner Zufriedenheit, kann ich die Anforderungen nochmals steigern. Ich führe die Klaustrophobieübung durch. Ich fange das Pferd augenblicklich weich wieder auf der Kreislinie ein, vollziehe entlang der Bande einen Handwechsel, der wieder in die Klaustrophobieübung mündet. Ich fange wiederum das Pferd weich ein, vollziehe an der Bande entlang erneut einen Handwechsel, der wieder in die Klaustrophobieübung mündet und so weiter. Die beschriebene Trainingsmethode ist höchst anspruchsvoll für Mensch und Pferd.

Ich kann diese Figur Acht entlang der Bande kombiniert mit der Klaustrophobieübung durchführen und gleichzeitig noch Sorge tragen, dass ich das Pferd bei jeder entstehenden Disbalance sofort

Die Partnerübungen bringen viel Spaß.

fördernd ausgleiche. Zusätzlich baue ich noch in den Handwechseln ein bis zwei Volten auf kleinstem Raum zu Biege- und Gymnastizierungszwecken ein. Damit habe ich ein Repertoire, mein Pferd zu schulen, bei dem das Pferd alle Hufe voll zu tun hat. Aber auch meine eigene Körperkoordination und die Ausdrucksstärke meiner Körpersprache sind höchst anspruchsvoll. Meine Bewegungskoordination und Bewegungsintensität werden mir jederzeit durch das Pferd gespiegelt. Ich kann daraus unschwer ablesen, ob diese ausreichend sind oder noch nicht. Diese komplexe Arbeit mit dem Pferd bewirkt eine dermaßen starke Integration meiner beiden Gehirnhälften, dass ich mich in meinem Potential genauso fördere wie das Pferd.

Einflussnahme auf Tempo und Gangart des Pferdes

Wir haben inzwischen gelernt, das Pferd über unsere Körpersprache zu beeinflussen und zu schulen. Nun möchten wir noch einige Hinweise geben, die sich im Umgang mit den Pferden bei uns bewährt haben und die ein Miteinander mit immer feineren Hilfen ermöglichen. Wie bereits erwähnt, ist der Schritt ein Viertakt. Jeweils ein Huf ist in der Luft. Der Trab ist ein Zweitakt, die Beine fußen diagonal. Der Galopp ist ein Dreitakt, der mit dem äußeren Hinterbein beginnt, woraufhin die Diagonale aus innerem Hinterbein und äußerem Vorderbein folgt und der schließlich in das Auffußen des inneren Vorderbeins mündet, welches entscheidet, ob es ein Links- oder Rechtsgalopp ist.

Dieses Wissen hilft mir, die Gangarten körpersprachlich zu stimulieren und somit jederzeit abrufen zu können. Das gilt sowohl für die Arbeit am Boden als auch im Sattel. Das Pferd lernt, indem es mich imitiert. Ich gebe ihm Bewegungsanreize, die es versteht. Dabei reagiert das Pferd gerne und spontan auf Takt und Rhythmus. Erklingt Musik, laufen Pferde recht schnell im gleichen Takt. Sage ich einem Reiter, den ich zur Schulung seines Sitzes auf einem Handpferd mitführe, den Takt im Trab an, dauert es nur wenige Schritte, bis mein Pferd exakt in diesem Takt läuft.

Um den Schritt abzurufen, hebe ich die Fahrpeitsche im 90-Grad-Winkel bis auf Sprunggelenkshöhe, schnalze mit der Zunge und gehe vorwärts-seitwärts los. Dabei schwenke ich die Seilhand einladend als Türöffner zur Seite. Ich bewege mich mit meinen Füßen so lange auf der Stelle, bis das Pferd losgeht. Die Peitsche bleibt im Schritt auf Sprunggelenkshöhe. Sie dient dem Pferd sehr bald als Unterscheidungshilfe für die gewünschte Gangart. Ich möchte, dass mein Pferd weit unter seinen eigenen Schwerpunkt tritt, also eine große Schrittlänge bewältigt. Dabei können die Hinterhufe, je nach Rasse und Körperbau unterschiedlich, deutlich über den Abdruck der Vorhand fußen. Die Vergrößerung der Schrittlänge erreiche ich, indem ich beim Auffußen des mir zugewandten Vorderbeins schnalze. Dabei bewege ich die Fahrpeitsche hinter dem Pferd kreisförmig von unten nach oben in Richtung des Pferdes, wobei die Peitsche jeweils im Augenblick des Schnalzens, den oberen Totpunkt oberhalb der Schweifrübe erreicht haben muss. Es versteht sich dabei von selbst, dass ich das Pferd dabei nicht berühre. Schreite ich selbst ausdrucksstark vorwärts, wird das Pferd diese treibenden Hilfen augenblicklich umsetzen. Durch mein Schnalzen behält das Pferd den Takt bei und da ich zusätzlich mit der Peitsche treibe, verändert sich nicht die Schrittfrequenz, sondern der Raumgriff. Diese Technik funktioniert in allen Gangarten.

Ich möchte kein latschendes Pferd. Von daher muss ich sowohl bei der Bodenarbeit, als auch bei der Arbeit unter dem Sattel ständig bestrebt sein, dass das Pferd aus der Hinterhand heraus Vorwärtsschub entwickelt. Bin ich hier nachlässig, werde ich erleben, dass sich das Pferd später unter dem Sattel ständig treiben lässt, was sehr ermüdend ist und wenig Spaß macht.

Zum Antraben stimuliere ich das Pferd, indem ich die Fahrpeitsche auf Höhe der Schweifrübe und nun die Trabbewegung mit meinen Beinen im Zweitakt ausdrucksstark durchführe, woraufhin das Pferd normalerweise mit mir in Resonanz gehen und mich imitieren wird. Erst wenn das nicht geschieht, benutze ich so selten und sparsam wie möglich, die Peitsche mit einer kraftvollen Bewegung von unten nach oben, um das Pferd zusätzlich zu stimulieren. Ich führe die Peitsche nie von oben nach unten und schlage schon gar nicht damit auf den Boden. Diese Bewegungsenergie assoziiert dem Pferd ein Geschlagenwerden. Trabt das Pferd schließlich, kann ich wieder normal gehen. Ich »latsche« nicht, sondern gehe dynamisch vorwärts, wobei ich die Knie dabei anhebe. Spüre ich, dass das Pferd in den Schritt ausfallen will, kann ich es mit einigen kurzen Trabschritten meinerseits stimulieren, im Trab zu bleiben.

Im Trab kann das Pferd maximal mit der Hinterhand in die gerade frei werdende Spur der Vorhand treten. Ein Übertreten ist nicht möglich. Dazu müsste das Pferd mit der Hinterhand am Vorderbein seitlich vorbeitreten. Bei einem ausgebildeten Pferd strebe ich in der Bodenarbeit annähernd diesen maximalen Raumgriff an. Sie bewirkt nicht nur eine intensive Hankenbeugung und somit eine Kräftigung der Hinterhandmuskulatur, sondern sie entlastet vom Schwerpunkt her zusätzlich die Vorhand des Pferdes. Dadurch wird es in der Schulter leicht. Es kann unbeschwert vorwärts-einwärts treten und sich viel leichter ausbalancieren. Die meisten Pferde, die wir erleben, sind stark kopflastig.

Die Galopparbeit wäre mit dem 3,70 m langen Arbeitsseil in diesem Stadium zu schwierig für das Pferd. Dazu ist eine hinführende Schulung mit spezieller Ausrüstung und weiterführenden Techniken erforderlich. Im Stadium der Entstehung dieses Buches entwickeln wir gerade ein Konzept, um durch Galopparbeit und mittels Cavaletti und anderen Hilfsmitteln das Pferd weitergehend hinsichtlich Aufrichtung und Flexibilität der Schulter, Kräftigung der Hinterhand und balancierter Seitwärtsbewegung in beide Richtungen für eine aufgerichtete Versammlung zu fördern. Da wir selbst uns noch in der Erfahrungsphase befinden, können wir unsere Erkenntnisse hier noch nicht als gesichert weitergeben. Wir entwickeln derzeit ein Bodenarbeitsseminar »Praxis Spezial«. Bei diesem Seminar werden wir an Versammlung und Aufrichtung, auch an Schrittlänge, Takt, Kraft, Koordination und Mut des Pferdes arbeiten. Außerdem wollen wir damit das Spektrum an Reizen in der Bodenarbeit enorm erweitern, so dass auch bei anspruchsvollen Pferden (und Menschen) keine Langeweile aufkommt. Wir freuen uns selber, dass die Entwicklung des Pferdisch Prinzips immer weiter geht.

Ein wichtiger Punkt, der hier noch Beachtung finden muss, ist die Rücknahme von Geschwindigkeit, also das Verlangsamen des Pferdes. Auch hier favorisieren wir eine körpersprachliche Einwirkung, die, wie alle Pferdisch Techniken, eine immer weitere Verfeinerung der Hilfengebung unterstützen soll. Wir gehen von einem zügig um uns herumtrabendem Pferd aus. Wir befinden uns in der Grundposition. Spanne ich meine Muskulatur an und halte den Atem mit vollen Lungen an, so überträgt sich diese Anspannung meines Körpers automatisch auf das Pferd. Es wird mehr Schub entwickeln. Ebenso übertragen sich die Entspannung meiner Muskulatur und ein deutliches Ausatmen beruhigend auf das Pferd. Geschulte Pferde bestimme ich allein damit in ihrem Tempo. In der hinführenden Phase kann ich mich unterstützend in der Kreismitte körperlich klein machen, indem ich mich vorn überbeuge, in den Knien einfedere, Seil-

und Peitschenhand zusammenführe, als trüge ich Handschellen und beide Hände zu Boden richte. Das Pferd wird daraufhin sein Tempo reduzieren und sich mir neugierig zuwenden, in der Regel sogar in den Schritt ausfallen. Zusätzlich kann ich eine Verlangsamung mit der Fahrpeitsche bewirken, indem ich selber in der 90-Grad-Position verbleibe, die Peitschenspitze aber längs des Pferdes nach vorne zur Schulter führe. Reicht das nicht, führe ich sie unter dem Arbeitsseil durch weiter vor das Pferd und dann langsam vor dem Pferd nach oben, bis dieses sein Tempo auf das gewünschte Maß reduziert. Zusätzlich ist es hilfreich, mit stimulierenden oder in diesem Fall beruhigenden stimmlichen Einwirkungen zu arbeiten. Dabei wirken dunkle Laute wie »U« und »O« beruhigend, helle Laute wie »E« und »I« beschleunigend.

Wir möchten in diesem Zusammenhang noch einen Aspekt in das bisher Gesagte einführen, der bisher noch nicht zur Sprache gekommen ist, der manchem Leser vielleicht auch abenteuerlich erscheinen wird. Mit dieser Aussage ist es uns ernst. Wir erkennen die Wirksamkeit jeden Tag: Meine Absicht ist es, die etwas geschehen lässt. Treibe ich als Reiter mein Pferd, obwohl ich tief in mir drin Angst davor habe, es könnte davon stürmen, so wird mein Pferd diese tiefe Absicht erspüren und das Tempo trotz meiner treibenden Hilfen nicht erhöhen. Hier greift die sich selbst erfüllende Prophezeihung. Wir erleben immer wieder, dass diese Erkenntnis zutrifft. Denke ich bei der Bodenarbeit beispielsweise: »Noch eine Runde, dann beenden wir die Arbeit für heute«, wird das Pferd im gleichen Moment stoppen. Wir amüsieren uns häufig darüber, wie das Pferd uns jederzeit klar und unmissverständlich unsere innerste Absicht wiederspiegelt. Sogar, wenn ich mir dieser in dem Moment selbst gar nicht bewusst war. Die Fähigkeit der Pferde, unser Inneres nach außen zu manifestieren, ist wirklich unglaublich. Wir glauben, dass sie als unsere Lehrer deshalb seit Menschen Gedenken eine so große Faszination auf uns ausüben.

Sunflower

Wir möchten jetzt ein Fallbeispiel schildern, um eine Situation zu verdeutlichen, die in der Arbeit mit Pferden sehr schnell eintreten kann. Es geht um eine 10jährige Warmblutstute namens Sunflower, genannt »Sunny«. Das Pferd wird von den beiden Besitzern und einer Reitbeteiligung regelmäßig gearbeitet. Die beiden Besitzer sind sehr bemüht, dem Pferd optimale Lebensbedingungen zu bieten. Sie sind seit einem knappen halben Jahr dabei, das Pferdisch Prinzip in seinen einzelnen Phasen zu erlernen und umzusetzen. Aus früherer Zeit besteht das Reitbeteiligungsverhältnis. Die Reitbeteiligung arbeitet mit der Stute im traditionellen Spring- und Dressurunterricht nach herkömmlichen Grundsätzen, wonach das Pferd dem Druck weicht. Die beiden Besitzer hingegen bemühen sich, eine Respekts- und Vertrauensbasis mit dem Pferd zu erzielen, die auf Druck und Zwang verzichtet. Wir haben die Entwicklung dieses Pferdes über den Zeitraum von drei Seminaren (Wochenenden) und zwei Refreshertagen mitvollziehen können. Einer der Besitzer konnte das Pferd bereits sehr gut balancieren und gymnastizieren, sowie die Klaustrophobieübung durchfüh-

Sunflower (»Sunny«) und ihr Chef…

ren, als der zweite Besitzer zeitversetzt lernte, das Respekts- und Vertrauensverhältnis herzustellen.

Aus Sicht des Pferdes stellte sich der Alltag nun so dar, dass es in seinen Haltungsbedingungen annähernd optimale Zustände erlebte, jedoch vom Umgang her mit einem Besitzer feinste Kommunikation, mit dem anderen Besitzer ein ungeklärtes, das heißt wechselhaftes Respekts- und Vertrauensverhältnis und mit der Reitbeteiligung das alt Bekannte durchlebte. Da die beiden Besitzer sehr ambitioniert sind, gehen wir davon aus, dass mit dem Pferd sehr intensiv gearbeitet wurde.

Wir konnten bei dem letzten Refreshertag anhand unserer eigenen eingesetzten Pferde feststellen, dass beide Besitzer die Techniken sicher und flüssig beherrschten. Dennoch kam es zu einer absoluten Verweigerung des eigenen Pferdes. Wollte man die Stute mit der Fahrpeitsche antreiben, legte sie die Ohren flach an den Kopf und drehte mit biestigem Gesichtsausdruck die Hinterhand weg. Das Pferd machte plötzlich gar nichts mehr und ließ sich am Ende des Refresher-Tages auch nicht mehr verladen. Sunny hatte förmlich abgeschaltet. Sie musste daher bei uns bleiben. Wir erhielten den Auftrag korrigierend einzugreifen.

Wir sind sicher, dass dem Pferd zuhause von seinen Besitzern garantiert nichts Böses widerfahren ist. Was war hier passiert? Am folgenden Tag stellten wir bei einer Problemanalyse fest, dass das Pferd, sobald man es ans Halfter nahm, eine enorme Vorspannung in seiner Muskulatur zeigte, die aus einer offensichtlich negativen Erwartungshaltung herrührte. In der Sattellage und im Schulterbereich war die Muskulatur so schmerzhaft, dass das Pferd bei Berührungen nach uns schnappen wollte. Bei der Überprüfung des Sattels mit Hilfe des »Rieser Messgerippes« stellte sich heraus, dass der Sattel überhaupt nicht paßte und das, obwohl die Besitzer den Sattel speziell anpassen lassen hatten. Wir realisierten, dass es die Beziehung zum Menschen schlechthin als negativ empfand. Es erwartete offensichtlich nichts Gutes von uns.

Wir hatten den Eindruck, dass von dem Beziehungskonto Mensch-Pferd sehr viele »Abbuchungen« stattgefunden hatten, aber kaum »Einzahlungen« erfolgt waren. Ich kann eine Beziehung nur strapazieren, wenn ich für ein stabiles »Guthaben« sorge. Ich strapaziere die Beziehung, wenn ich z.B. oft und/oder lange Leistung fordere, die dem Pferd keine Freude oder sogar Schmerzen bereitet. Ich strapaziere die Beziehung, wenn ich unklar mit dem Pferd umgehe; heute gelten bestimmte Regeln, morgen andere. Ich strapaziere die Beziehung, wenn ich Techniken exerziere und das Pferd damit zum Erfüllungsgehilfen meiner ehrgeizigen Ziele mache. Auf der anderen Seite sorge ich für ein Guthaben in der Beziehung zu meinem Pferd, wenn ich gemeinsam mit ihm Spaß habe; wenn das Miteinander abwechslungsreich, interessant und angenehm ist. Zu unser aller Leben gehören Arbeit und Spaß. Wenn wir nur noch arbeiten, verlieren wir die Lust. Wer nur Spaß hat, will und kann irgendwann gar nicht mehr arbeiten und wird unzufrieden. Es ist wie bei dem Respekts- und Vertrauensverhältnis. Es gehört eine Balance zwischen Leistung und Entspannung dazu, um ein ausgewogenes Verhältnis zu erzielen.

Wir korrigieren Sunny nach dem Pferdisch Prinzip:

Gib dem Pferd das, was es will, aber im Übermaß.

Wir wollen erreichen, dass

- das Pferd sich wieder schwungvoll und freudig bewegen will
- es die Interaktion mit dem Menschen wieder als interessante Abwechslung erlebt
- es den Pferdehänger wieder als sicheren und angenehmen Zufluchtsort empfindet.

Wir gehen folgendermaßen vor: Das Pferd wird ausgiebig unter Berücksichtigung seiner Muskelschmerzen geputzt und gepflegt, und zwar in aller Ruhe. Dabei erwarten wir, dass es respektvoll und selbstständig wie ein Denkmal steht. Respektloses Verhalten lassen wir nicht zu. Dann stellen wir das Pferd mit dem Knotenhalfter in die Reithalle. Während einer von uns das Pferd wiederum absolut ruhig stehen lässt, gibt der andere dem Pferd eine Klangmassage, damit das Pferd seine Überspannung empfinden und loslassen kann. Außerdem wollen wir die Schmerzen der belasteten Muskelgruppen ausleiten. Hat sich das Pferd entspannt, ist es anschließend etwa ein bis zwei Stunden passiver Zuschauer, während wir nacheinander unsere Pferde mit sehr viel Spaß und interessanten, abwechslungsreichen Aufgaben in der Halle am Boden oder unter dem Sattel arbeiten. Von Sunny erwarten wir nichts, außer, dass sie ruhig steht. Das Pferd ist darüber sichtlich erleichtert. Es wird sehr bald der Moment kommen, wo sie animiert durch die anderen Pferde, auch »mitspielen« will. Das Pferd wollte Ruhe und bekommt diese auch, bis es förmlich darauf brennt, dass wir mit ihm arbeiten.

Rüdiger & Sunny

Tagsüber steht das Pferd in unserem Roundpen, der einige Meter neben dem Paddock gelegen ist, in dem im Winter unsere Pferde stehen. In den Roundpen haben wir den Pferdehänger gestellt. Die Trennwand haben wir weit gestellt. Vorne in den Pferdehänger legen wir morgens das Heu. Nun kann Sunny sich in aller Ruhe mit der Situation »Meidung Pferdehänger – begehrtes Heu liegt im Hänger« auseinander setzen. Ignoriert sie das Heu, stellen wir nach einiger Zeit eine unserer Stuten, die sehr verfressen ist, dazu. Die wird sehr schnell herausfinden, dass im Hänger Heu liegt und dieses Sunny wegfressen. Da Pferde durch Imitation lernen, wird es nicht lange dauern, bis Sunny sich ihr Heu selber holt. Wir lassen das Pferd quasi gegen seine eigene Verweigerung arbeiten. Es ist nicht notwendig, Druck zu machen. Wir brauchen keine Zwangsmittel. Es gibt keinen Sieger und keinen Besiegten. Es gibt nur die freiwillige Entscheidung dafür, was Sunny zukünftig will und was sie nicht will.

Das ist die einzige Möglichkeit, die wir kennen, um eine solche Situation zu heilen, ohne Druck und Zwang. Dabei entscheidet das Pferd, wie lange es braucht. Sunny konnte alle Pferdisch Bodenarbeitslektionen in Perfektion. Davon konnten wir uns selber überzeugen. Diese wird sie nicht verlernen. Hier geht es nicht um Können, sondern um wollen – Motivation. Ich will nur etwas, wenn ich auch etwas davon habe; wenn es mir gut tut und mir dient. Die aktuelle Verweigerungshaltung der Stute hat nichts anderes zu bedeuten, als dass sie ihren Besitzern mit den ihr zur Verfügung stehenden Mitteln signalisiert, dass die gegebenen Umstände für sie nicht akzeptabel sind. Eine solche Situation als Respektlosigkeit oder Widersetzlichkeit zu deuten, wäre fatal und absolut ungerecht gegenüber dem Pferd. Wir müssen uns immer wieder das Beispiel mit der Schraube vorstellen: *Nach fest kommt ab.* Hier war der Toleranzbogen des Pferdes offensichtlich überspannt. Nun gilt es, wieder Vertrauen aufzubauen. Vertrauen in den guten Willen des Menschen gegenüber dem Pferd, dass er für die Erfüllung der Bedürfnisse sorgt, für eine Beziehung unter gegenseitigem Respekt und Vertrauen und dass er danach trachtet, dass das Beziehungskonto zu dem Pferd mindestens ausgeglichen ist.

Wann immer ich in einer solchen Situation den Drang verspüre, das Pferd zu strafen, ihm also meinen Willen aufzuzwingen, hat dieses Bedürfnis etwas mit mir und meinen Lebensthemen zu tun und nicht mit dem Pferd. Ich sollte mich hüten, diesem Drang nachzugeben. Dies würde die Situation nur verschlimmern. Ich sollte stattdessen lieber eine Pause machen und, wenn möglich, aus der Situation herausgehen. Oft ist es eine bessere Entscheidung, eine andere Person dann die Arbeit mit dem Pferd fortsetzen zu lassen. Zug gibt Gegenzug, Druck gibt Gegendruck. Druck erzeugt Spannung. Spannung neigt dazu, sich zu entladen. Das geschieht dann oftmals zulasten des Menschen. Diese gefährlichen Situationen entstehen gar nicht erst, wenn ich auf Druck im Umgang mit dem Pferd verzichte. Das ist das Pferdisch Prinzip. Es sollte nicht mit den beschriebenen Techniken verwechselt werden.

Die Korrekturmaßnahmen mit Sunny haben sehr bald gefruchtet. Nur ein einziges Mal mussten wir abends vor dem Hereinholen der Pferde eine junge Quarter Horse Stute zu Sunny stellen, die Sunnys Heu aus dem Hänger fraß. Am nächsten Morgen rief uns Elke an, die die Pferde in unserer Abwesenheit versorgt: »Sunny steht auf dem Anhänger und frisst ihr Heu!«, lautete ihre Durchsage. Wir mussten schmunzeln: Gib dem Pferd das, was es will, aber im Übermaß.

Wir setzten die Korrektur nun in der Reithalle fort. Sunny hatte wiederholt miterlebt, dass wir die anderen Pferde großräumig in der Bodenarbeit gearbeitet hatten, wobei wir einen regelrechten Spielplatz aus Cavaletti, Stangen, Pylonen und anderen Gegenständen aufgebaut hatten. Als wir Sunny nun das Knotenhalfter, den »Arbeitsanzug« anlegten, erwartete sie von uns, dass wir sie in der gleichen Art fordern würden. Dem war aber nicht so.

Vielmehr legten wir vier drei Meter lange Stangen so ins Quadrat, dass die Ecken der einzelnen Stangen jeweils etwa zwanzig Zentimeter auseinander lagen. Das wurde nun der Spielplatz für Sunny. Wir wollten sie in ihrer Aufmerksamkeit sensibilisieren, gleichzeitig ihre eigene Körperkoordination, ja ihr Körperempfinden soweit verbessern und verfeinern, dass sie lernte, die eigenen Beine geschickt und ökonomisch zu setzen. Im Schritt ließen wir Sunny nun Kreise innerhalb des Vierecks gehen, und zwar auf beiden Händen.

Zunächst stieß sie immer wieder an die Stangen an, verschob diese nach außen, trat auf die Stangen oder trat nach außen aus dem Quadrat heraus. Ruhig korrigierten wir diese »Fehltritte«, wobei wir immer ein positives Verhältnis erhielten. Das bedeutet: viele Pausen, viel Lob, viel positive Verstärkung. Bald zeigte Sunny sich »rücksichtsvoller«. Nun stellten wir zwei Pylonen im Abstand von eineinhalb Metern mitten in das Quadrat. Jetzt erlebte Sunny, dass ihr kleiner Kreis sowohl von außen, als auch von innen begrenzt war. Obwohl der Radius sich nicht veränderte, war der Schwierigkeitsgrad plötzlich deutlich größer. Aber auch dabei setzte bald darauf Gelassenheit ein. Der nächste Schritt bestand für Sunny darin, nun kleine Kreise um die einzelnen Pylonen zu gehen. Das war schon anspruchsvoller, denn der Radius halbierte sich nahezu. Als auch das auf beiden Händen klappte, ohne dass Sunny die Stangen beiseite schob oder die Pylonen abräumte, gingen wir zum letzten Schritt über: Sunny ging nun Handwechsel, wobei sie zwischen den Pylonen die Seite wechselte, also in dem kleinen Viereck die Figur

Acht absolvierte. Das ist wirklich anspruchsvoll, sowohl für das Pferd, wie für den Menschen. Dabei muss der Mensch auch gehörig »aus dem Quark kommen«. Es dauerte nicht lange, und Sunny absolvierte die Figur Acht in absoluter Gelassenheit, mit hängendem Kopf und Hals in perfekter Balance, ohne auch nur einen der Gegenstände in dem Viereck zu touchieren. Mit unglaublicher Geschicklichkeit bog sie sich um die Pylonen, dass es eine wahre Freude war. Wirklich bemerkenswert ist die Hingabe und Gelassenheit, mit der Sunny willig und mit Spaß die geforderten Bewegungen ausführte. Dieses Pferd, das ehemals steif wie ein Tanker erschien, bog sich nun in kleinsten Volten in perfekter Balance.

Danach fragten wir an einem »Pferdisch Impulsband«, das wir gegenwärtig für die Pferdisch Bodenarbeit entwickeln, großrahmige Bewegungen Sunnys in einem zügigen Tempo ab. Und siehe da: Sunny ging wie eh und je, flüssig, willig und kraftvoll vorwärts. Mit den beschriebenen Techniken ließ sie sich treiben und wieder zurücknehmen, gerade so, wie wir es abfragten. Das Pferd hatte wieder Vertrauen gewonnen, Spaß an der Arbeit zurückgefunden und gleichzeitig in einem berechenbaren Rahmen wieder Respekt vor dem Menschen bekommen.

Nun galt es, das Gelernte auch »ihren Menschen« zu vermitteln. Diese hatten sich in der Zwischenzeit sehr viele Gedanken über die bestehende Situation gemacht und waren ganz alleine auf Lösungen gekommen, die das Miteinander für Menschen und Pferd für beide Seiten angenehm gestalten werden. An einem Nachmittag arbeiteten wir gemeinsam mit Sunny und ihren Besitzern, um ihnen neue Ideen für die Zusammenarbeit mit Sunny zu vermitteln, die das Verhältnis zwischen ihnen und ihrem Pferd nachhaltig verbessern sollen.
Wir haben mit Sunny täglich ein sinnvolles Hängertraining durchgeführt. Zuletzt ging sie so freudig auf ihren Anhänger, dass ihr Besitzer, der sie nun verladen wollte, ziemlich überrascht war, wie schnell Sunny oben stand, obwohl er noch gar nicht damit gerechnet hatte. Da das Verladen eines Pferdes ein wesentlicher Punkt im Umgang ist, wollen wir die Erläuterungen dazu nicht auf den Fall Sunny reduzieren, sondern von Grund auf das Verladetraining erklären. Zunächst möchten wir jedoch noch ein Resümee aus der Korrektur Sunnys ziehen:

Was hier exemplarisch ist:
- Alles, was ein Pferd gelernt hat, kann es wieder ver- oder umlernen.
- Ein Pferd braucht klare Verhältnisse.
- Ein Pferd braucht konstante und verlässliche Regeln.
- Ein Pferd lernt nur entspannt und angstfrei.
- Nach fest kommt ab, das Maß der Dinge ist entscheidend.
- Ehrgeiz gehört nicht in die Pferdearbeit.
- Der Spaßfaktor ist für Mensch und Pferd von großer Bedeutung.
- Das Beziehungskonto sollte zumindest ausgeglichen sein.
- Liebesenergie bewirkt Guthaben (Ich bin okay – Du bist okay.)
- Angstenergie bewirkt Abhebungen (Ich will/muss besser sein, gewinnen, Sieger sein ...).

6. Verladetraining nach dem Pferdisch Prinzip

Sunflower beim Verladen.

Für sehr viele Pferdemenschen gehört das Verladen des Pferdes in einen Pferdehänger oder einen Pferdetransporter zu den alltäglichen Verrichtungen im Umgang mit dem Pferd. Sei es die Fahrt zum Reitunterricht oder ins Ausreitgelände, der Weg zum Tierarzt oder in die Tierklinik. Sei es die Stutenschau, der Transport zum Deckakt oder ganz profan das nächste Turnier. Immer wieder ist es erforderlich, das Pferd von A nach B zu transportieren. Es handelt sich beim Verladen des Pferdes um eine Standardverrichtung, die zeitlebens immer wieder durchgeführt werden muss.

Umso mehr verwundert es, wenn wir uns Verladeaktionen auf Turnierplätzen, an der Tierklinik oder wo auch immer ansehen. Nirgendwo gibt es mehr Stress, Grobheiten, aber auch Angst und Verletzungen auf Seiten der Pferde und auf Seiten der Menschen als beim Verladen. Inzwischen gibt es sogar eine Show eines renommierten Pferdetrainers, die ganze Hallen füllt, wenn er widerspenstige Pferde vor Publikum verlädt. Es ist wohl ein riesiger Bedarf da, funktionierende Verladetechniken und das entsprechende Know-how weiterzugeben. Dieser Umstand wird nicht gerade dadurch vereinfacht, dass die Pferde, die der berühmte Pferdemann gerade vor Publikum verladen hat, draußen vor der Halle wieder nicht auf den Anhänger gehen wollen, und die Besitzer alle Mühe haben, sie wieder nach Hause zu bekommen.

Voraussetzungen

Überall wird Verladetraining angeboten. Manchmal mit viel Pferdeverstand und Einfühlungsvermögen, manchmal eher mittels resolutem bis gewaltsamem Durchsetzungsvermögen. Wir werden dem Verladetraining deshalb einen gebührenden Raum widmen, um unsere Verlademethode darzustellen.

Im Abschnitt »Die Klaustrophobieübung« haben wir bereits ausgeführt, dass der Pferdeanhänger grundsätzlich schon Angst erregend für Pferde ist. Von drei, ja sogar vier Seiten geschlossen, besteht – einmal drinnen – nur noch der Ausweg zurück. Ein Pferd in freier Natur begibt sich nicht in solche Situationen. Das Pferd ist dabei Fluchttier und lässt sich freiwillig auf solche Aktionen nicht ein.

Hier ist also gründliche Vorarbeit zu erledigen, wenn das Verladetraining für das Pferd nicht zu einer traumatischen Aktion ausarten soll, die lebenslang bei dem Tier ihre Spuren hinterlässt.

Ich sollte zuvor Respekt und Vertrauen hergestellt haben, das Pferd sollte die Klaustrophobieübung auf beiden Händen sicher beherrschen, ehe ich mit dem Verladetraining beginne. Ich sollte einen guten Zeitpunkt wählen, einen passenden Ort, und die Rahmenbedingungen sollten günstig sein. Mit Rahmenbedingungen meinen wie erst einmal einen geeigneten Pferdeanhänger, der Boden rund um den Hänger sollte Sand sein, es sollten keine scharfkantigen Hindernisse in der Umgebung herumstehen und was das Allerwichtigste ist: Ich sollte genügend Zeit und Ruhe haben. Ich sollte weder unter Zeitdruck ein Hängertraining durchführen, noch wenn ich mich in einer realen Verladesituation befinde.

Es ist sehr ungünstig, mit dem Verladetraining anzufangen, wenn ich das Pferd tatsächlich zu diesem Zeitpunkt transportieren muss. Dann entsteht der Druck, dass es klappen muss. Dann gibt es Zuschauer, vor denen ich mich nicht blamieren will. Zuschauer, die alle genau wissen, was ich am Besten gerade tun sollte. Dann gibt es viele willige Helfer, die tatkräftig Verantwortung für mein Pferd übernehmen wollen, um ihre Erfahrung zu machen. Die reale Verladesituation ist also der ungünstigste Zeitpunkt für ein Verladetraining, und dennoch findet das Training meistens in solchen Situationen statt.

Am Einfachsten ist es, ein Fohlen immer wieder gemeinsam mit der Stute zu verladen. Das ist dann für das Pferd wie ein Spiel. Das Fohlen hat grenzenloses Vertrauen zu seiner Mutter und wird ihr bedingungslos überall hin folgen. Wir dagegen müssen uns dieses grenzenlose Vertrauen erst einmal verdienen. Wir wollen hier davon ausgehen, dass die Chance, das Fohlen bereits diesbezüglich zu schulen, versäumt wurde.

Wir stehen mit unserem vor Kraft strotzenden Pferd vor der Klappe des Pferdeanhängers, was dieses nicht gerade froh stimmt. Das Pferd bleibt entschieden und entrüstet vor der Klappe stehen und signalisiert uns: »Nee, ‘ne?!«

Wie gehen wir jetzt praktisch vor?

Um herauszufinden, wie etwas geht, sollten wir vorher zu Rate ziehen, wie es nicht geht:

Hängertraining – So geht es nicht!

Normalerweise beobachten wir, dass derjenige, der das Pferd verladen möchte, den Führstrick in die Hand nimmt und das Pferd auf den Hänger hinaufführt. Im Idealfall folgt das Pferd dem Menschen auf den Anhänger. Der Mensch taucht dann unter der vorderen Absperrung durch (mehr oder weniger elegant ...), um das Pferd dann vorne anzubinden. Hat er Glück, gibt es eine weitere Person, die hinten schnell dicht macht, um so den Rückzug des Pferdes zu verhindern.

Die Voraussetzung für ein Hängertraining sind Übungen für Respekt, Vertrauen, Balance und zum Abbau der Klaustrophobie.

Uff, noch mal gut gegangen. Klappe zu und Abfahrt.

Dann erlebt das Pferd eine Karussellfahrt.

Es ist verboten, auf dem Pferdeanhänger Menschen zu transportieren. Dennoch sollte jeder einmal die Erfahrung machen, in der Rolle des Pferdes mit seinen Händen tief in den Hosentaschen, also freihändig, auf dem Anhänger mitzufahren. Jedes abrupte Anfahren, Beschleunigen, Bremsen, jede schnelle Kurvenfahrt fordert das Kompensationsvermögen des Passagiers zum Teil bis jenseits der Schmerzgrenze.

Ich selber habe nach jahrelanger eigener Erfahrung im Hängerfahren einmal den Transport eines Absetzers begleitet. Ich habe alle fünf Minuten über mein Handy den Fahrer angerufen und ihn »zusammengefaltet«. Mehrere Mitfahrer versicherten mir daraufhin, dass der arme Fahrer das Gespann bewegen würde, wie ein rohes Ei.

Seitdem weiß ich aus eigenem Erleben, wie sich jeder kleinste Lastwechsel im Anhänger auswirkt. Der Schwerpunkt des Pferdes liegt relativ hoch. Das überwiegende Gewicht des Pferdes liegt weit über dem Bodenniveau des Anhängers. Der Boden selber liegt schon über Fahrbahnniveau. Ein Lastwechsel wirkt sich alleine durch diesen Umstand schon vermehrt aus. Da sich das Pferd zudem nirgendwo festhalten kann, wenn man vom Abstützen an den Umgrenzungen mal absieht, dann fällt es nicht schwer, sich vorzustellen, dass das für das Pferd so ähnlich ist, wie freihändig Karussell fahren im Stehen. Alle Worte dazu bewirken nicht soviel, wie eine kurze Fahrprobe vielleicht auf einem Garagenhof oder einem abgesperrten Platz.

Nach einer Fahrt, die das Pferd dann eher als unangenehm empfunden hat, wird es dem Menschen nicht mehr so willig auf den Hänger folgen, vielmehr wird es davor stehen bleiben. Wird dann Druck gemacht, wie auch immer, wird das Pferd versuchen, sich seitwärts zu entziehen. Dabei läuft es möglicherweise von dem verladenden Menschen weg und dreht ihm dabei die Hinterhand zu. Das ist eine häufig zu beobachtende Reaktion, die ausgesprochen gefährlich ist. Wir sprachen bereits im Kapitel 5 »Arbeit ohne äußere Begrenzung« über diesen Punkt. Bei der Beschreibung der Notfalltechniken haben wir eingehend auf diese Situation hingewiesen. Oftmals erlernt das Pferd erst genau in der soeben beschriebenen Verladesituation dieses gefährliche Fehlverhalten.

Die andere Möglichkeit besteht darin, dass das Pferd vor der Hängerklappe bzw. der Anhängeröffnung in die Richtung des Verladenden ausweicht und diesen dabei quasi über den Haufen rennt, sofern dieser sich nicht mit einem Sprung an die Seite in Sicherheit bringt. Auch das ist eine ge-

Respekt – Vertrauen – Balance

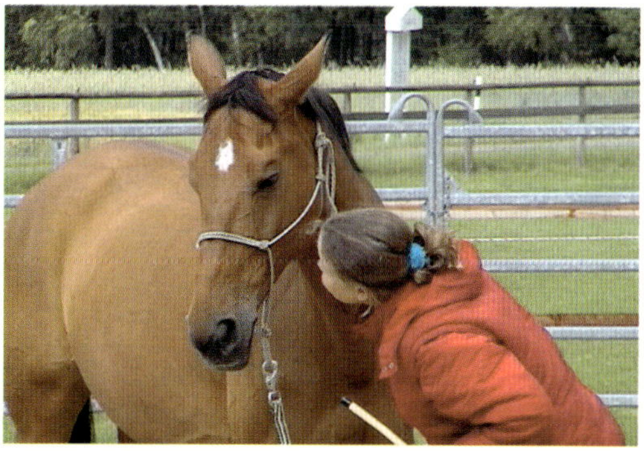

Respekt – Vertrauen

fährliche Situation, die schlimme Unfälle zur Folge haben kann.

Der Mensch, der das Pferd auf den Anhänger führen will, geht zuerst auf den Hänger. Er hält den Führstrick in seiner Hand und erwartet, dass das Pferd ihm folgt. Bückt der Mensch sich, um unter der vorderen Stange der Abgrenzung durchzutauchen, ist er in einer unangenehmen bis gefährlichen Lage. Zieht das Pferd in diesem Moment wieder nach hinten, kann es den Menschen aufgrund seiner momentanen instabilen Position umreißen. Hält der dann den Führstrick fest, reißt ihm das Pferd den Strick durch die Hand, was Brandblasen hervorrufen kann. Gar nicht daran zu denken, was passiert, wenn der Mensch sich den Führstrick um seine Hand gewickelt hatte. Auf jeden Fall kann sich das Pferd jetzt losreißen und ist frei. Das heißt, dass es auf die Straße in den fließenden Verkehr laufen kann oder sonst wo hin. Eine Kontrolle des Menschen gibt es in diesem Augenblick nicht mehr.

Bei dem darauf folgenden Verladeversuch besteht dann schon von Anfang an noch mehr Stress, Angst, Verkrampftheit. Oft holt der Mensch sich Helfer. Diese bewaffnen sich mit Longen, Besen, Peitschen, Gerten, Elektroschockern oder ähnlichen Dingen. Hier ist die menschliche Fantasie sehr ausgeprägt. Es gibt kaum etwas, was in dieser angst- und wutgeladenen Situation, die eigentlich reine Hilflosigkeit darstellt, noch nicht ausprobiert worden ist. Manchmal funktioniert etwas, manchmal nicht. Auf jeden Fall wird die Verladesituation immer mehr zum Trauma. Und zwar für Mensch und Pferd.

Es wird danach kaum mehr gelingen, dass eine einzelne Person dieses Pferd alleine, angstfrei und elegant verladen kann. Damit haben wir einen enormen Problemfall geschaffen. Das Pferd hat gelernt, dass es sich wirksam den Anforderungen des Menschen widersetzen kann. Das wird es wieder und wieder tun, nun auch in anderen Situationen, die dem Pferd unangenehm sind. Und davon gibt es viele. Nach unseren Erfahrungen kippt so eine Beziehung dann irgendwann ganz plötzlich, so dass das Pferd sich total verweigert, oder aber beginnt, generell gegen den Menschen anzugehen. Ständiger Kampf, Stress, Risiko und die Gefahr von massiven Schäden sind dann oftmals die Folge.

Die gegensätzliche Situation stellt sich so dar, dass das Pferd mit viel Geduld, Leckerli und Heu, Möhren oder anderem Futter auf den Anhänger gelockt werden soll. Oft brauchen solche Menschen Stunden, um ihr Pferd schließlich verladen zu haben. Zwar empfinden sie danach eine gewisse Befriedigung, dass sie es ohne Gewalt geschafft haben, ihr Pferd zu verladen, aber ein gedeihliches Miteinander ist das genauso wenig, als wenn ich mein Pferd mehrere Stunden auf der Weide verfolgen muss, um es dann irgendwann einmal reiten zu können. Ein solches Pferd wird mich niemals respektieren können, und ich bin und bleibe abhängig von seinem guten Willen und seiner Laune.

Manchmal können wir beobachten, wie ein gutwilliger Mensch einen der Vorderhufe auf die Anhängerklappe setzt, so, als wisse das Pferd nicht, was wir von ihm wünschten. Ich gebe zu, dass ich das irgendwann selber auch versucht habe, genauso wie auch die anderen Möglichkeiten, das Pferd in den Anhänger zubekommen. Aber das wirkt sich nicht Respekt begründend aus. Zuletzt sei dazu noch gesagt, dass beim Verladen – so wie immer und überall das Prinzip gilt:

Druck gibt Gegendruck,
Zug gibt Gegenzug.

Wir öffnen daher niemals die rückwärtige Verriegelung hinter dem Pferd, solange es vorne noch angebunden ist. Es besteht höchste Verletzungsgefahr, wenn das Pferd aufgrund der gelösten Verriegelung rückwärts vom Hänger gehen will, dann merkt, dass es drinnen festgebunden ist und reflexartig mit aller Kraft dagegen anzieht. Das Pferd kann sich im Halsbereich entweder schwer verletzten oder/und es zerreißt nahezu jeden Anbinder, wobei wiederum Verletzungsgefahr besteht. Das Pferd verbindet diese Schmerzerfahrung mit dem Anhänger und wird künftig noch weniger gewillt sein, ihn freiwillig zu betreten.

Wenn ich unter Zuhilfenahme von Seilen, Longen, Führseilen verladen will, die ich im Anhänger befestigt habe, so werde ich die Erfahrung machen, wie viel Kraft so ein Pferd tatsächlich hat und dass ich ein Pferd zu nichts zwingen kann, was dieses nicht will. Es wird alles zerreißen, was ich an ihm befestige, es wird steigen, sich womöglich nach hinten überschlagen und sich das Genick brechen oder umstehende Personen schwer verletzen. Die Spannung, die ich durch Hilfsmittel aufbaue, muss sich wieder entladen. Sie wird sich wieder entladen. Das ist ein Naturgesetz.

Verladen eines Pferdes – So soll es sein!

Nach den ganzen Horror-Szenarien wollen wir uns nun den Verladevorgang anschauen, wie er nach unserer Überzeugung ablaufen sollte:

- Ich möchte mein Pferd jederzeit und überall alleine und sicher verladen können.
- Das Pferd soll dabei weder die Gelegenheit haben, sich von mir abzuwenden, noch mich umzurennen.
- Ich möchte mein Pferd alleine abladen können.
- Ich möchte auch in der Lage sein, alleine zwei Pferde zu verladen oder zu entladen.
- Ich möchte dabei nicht mit meinem Pferd kämpfen oder ein Verletzungsrisiko eingehen.

Bei uns sieht das **Verladen** folgendermaßen aus:

- Ich führe das Pferd mit dem Führseil.
- Die Hängerklappe ist geöffnet.
- Eine Seite des Hängers ist offen, das heißt, die Verriegelungsstange hängt nach unten, der Zugang ist frei.
- Aus der Grundposition (90-Grad-Winkel) schicke ich das Pferd in den Anhänger, dieses geht ohne zu zögern auf den Hänger.
- Befindet es sich mit dem Kopf innerhalb des Anhängers, werfe ich ihm mit Schwung das Führseil seitlich über den Rücken, worauf das Pferd ganz in den Hänger hineingeht.
- Das Pferd bleibt oben ruhig stehen und wartet.
- Ich schließe die Verriegelungsstange, wobei ich seitlich neben der Klappe stehe. Ich stecke den Sicherungssplint ein.
- Ich verlade ggf. das zweite Pferd und schließe diese Seite des Anhängers ebenfalls. Ich stecke den Sicherungssplint ein. Danach schließe ich die Hängerklappe.
- Erst dann gehe ich nach vorne und binde das/die Pferde an (wenn erforderlich).

Beim **Abladen** gehe ich folgendermaßen vor:

- Ich öffne die Klappe.
- Ich gehe nach vorne und binde das/die abzuladende(n) Pferd(e) los.
- Das/die Führseil(e) werfe ich jeweils von außen nach innen über den/die Pferderücken.
- Ich gehe wieder nach hinten und öffne, seitlich neben der Klappe stehend, erst den Verriegelungssplint, dann die Verriegelungsstange der einen Seite.
- Dann tippe ich dem Pferd fordernd von außen gegen die Hinterhand, woraufhin das Pferd

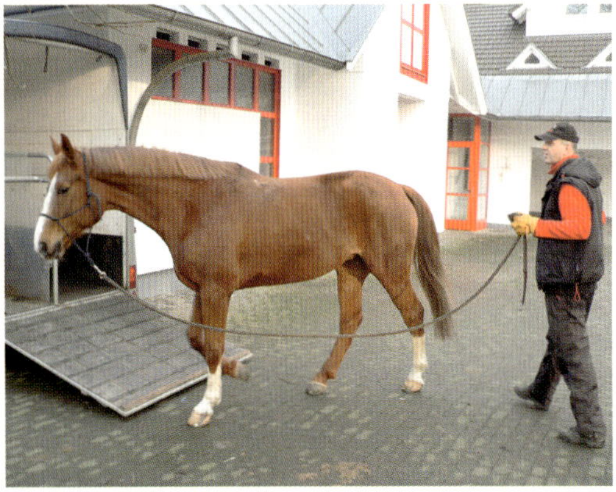

Aus der Grundposition lasse ich das Pferd seitlich vor und über die Hängerklappe gehen.

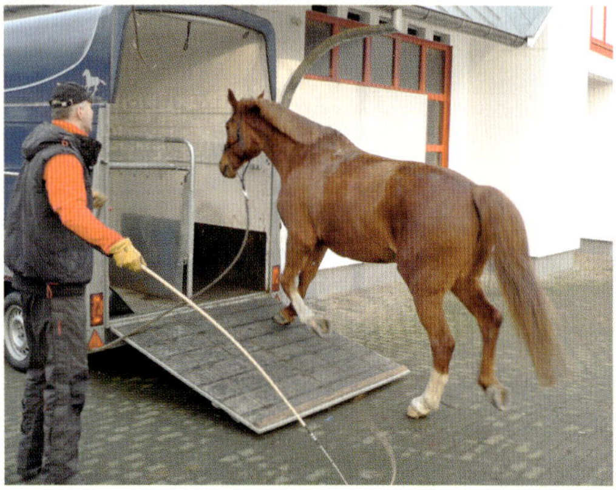

Ich richte das Pferd gerade und lasse es aus der Position neben der Klappe mit meinem 90-Grad-Winkel in den Hänger gehen/traben.

Ist das Pferd mit den Kopf im Hänger, werfe ich das Führseil mit Schwung seitlich über den Rücken des Pferdes.

Ist das Pferd oben, entspanne ich mich. Das Pferd bleibt ruhig oben stehen. Ich kann die Verriegelung schließen.

langsam, kontrolliert und gerade Schritt für Schritt vom Hänger geht. Während es mich dabei passiert, ergreife ich ruhig das Führseil.

- Hat das Pferd die Klappe verlassen, lasse ich es stehen (Break) und lobe es ausgiebig.
- Dann verfahre ich mit dem zweiten Pferd genauso, wobei ich wieder seitlich neben der Klappe des Anhängers stehe. Das erste abgeladene Pferd steht dabei neben dem Anhänger und schaut nach hinten, also in meine Richtung.

So ver- und entladen wir seit Jahren unsere Pferde. Wir haben nicht einen einzigen Schadensfall dabei erlebt. Durch das Verladen aus der Position hinter dem Pferd habe ich es jederzeit voll unter meiner Kontrolle. Es kann sich nicht von mir abwenden – das verhindere ich mit dem Führseil. Es kann mich auch nicht umrennen – das verhindere ich mit Führseil und Fahrpeitsche. Es kann mir auch nicht das Führseil aus der Hand ziehen – es ist vor mir und alleine im Anhänger. Einmal verla-

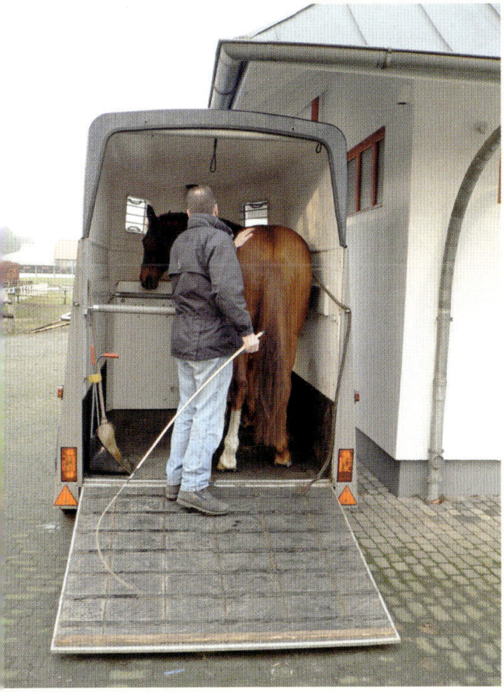

Beim Loben stehe ich seitlich neben dem Pferd auf oder neben der Rampe.

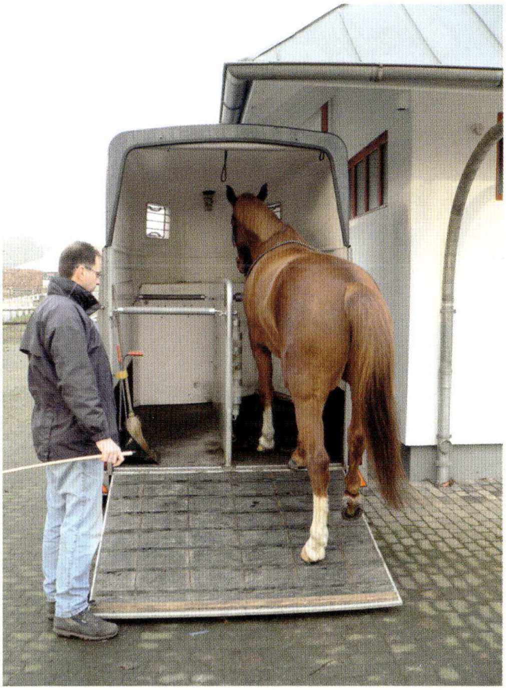

Beim Abladen stehe ich im Blickwinkel des Pferdes.

den kann ich hinten alleine und aus einer sicheren Position den Hänger verriegeln und danach das verladene Pferd vorne anbinden.

Hängertraining in der Praxis

Ehe wir jetzt das Training im Detail erklären, möchten wir noch einige allgemeine Hinweise geben, die uns sehr am Herzen liegen:

- Wir streuen den Hängerboden nicht ein. Eine Gummimatte, wie sie in den meisten Anhängern serienmäßig verlegt ist, hat den meisten Griff (Bodenhaftung). Sägespäne oder Stroh sind rutschig, außerdem verführt Stroh als Einstreu zum Fressen. Das Pferd will mit dem Kopf runter zum Boden, was gefährlich ist.

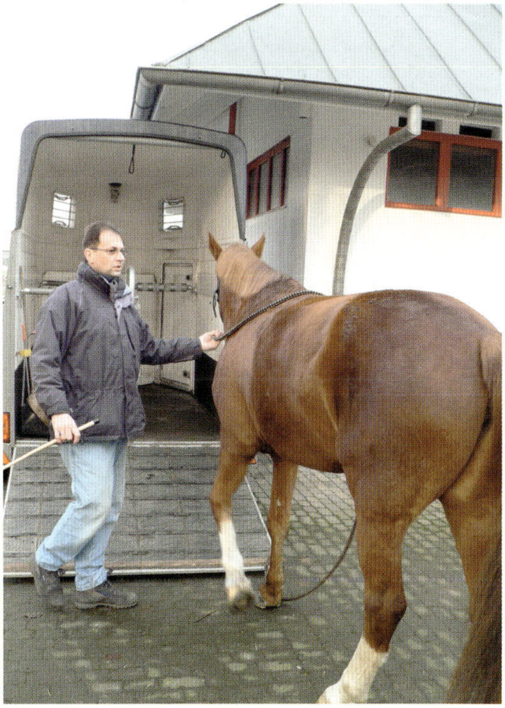

Kommt das Pferd an mir vorbei, übernehme ich ruhig das an meiner Seite hängende Führseil.

- Wir benutzen KEINE Heunetze. Das Fressen während der Fahrt birgt Gefahren. Zwei Pferde können sich um das Heu streiten. Wenn sich das Heunetz leert, hängt es wesentlich weiter nach unten. Kommt das Pferd nun nicht mehr an das begehrte Heu, kann es mit dem Vorderbein danach treten und sich mit der Fessel in dem Nylonnetz verfangen. Schlimme Verletzungen sind die Folge.
- Aus dem Heunetz fällt gewöhnlich ein Teil Heu auf den Boden. Das Pferd wird trotz Anbinder versuchen, an das Heu auf dem Hängerboden heranzukommen. Beim Bremsen kann es sich verletzen, insbesondere wenn es mit Kopf und Hals hinter bzw. unter die vordere Abgrenzungsstange geraten ist.
- Eine Hängerfahrt von einigen Stunden kann ein Pferd ohne Futter überstehen. Die Risiken stehen in keinem Verhältnis zu dem Lustgewinn des Fressens.
- Wir binden die transportierten Pferde – wenn überhaupt – nach außen OBEN an, und zwar so kurz, dass sie sich in der Mitte nicht beißen können (nach OBEN um zu verhindern, dass sie mit Kopf und Hals unter die Stange kommen).
- Wir binden Pferde niemals mit dem Knotenhalfter an, da dieses im Ernstfall nicht nachgibt und das Pferd sich schwere Verletzungen zuziehen kann.
- Transportgamaschen sollten dem Pferd als Protektoren Schutz bieten, wenn es mit dem Fesselgelenk beim Ausbalancieren gegen die Hängerwand stößt und wenn es sich beim Ausbalancieren selber auf den Kronenrand tritt. Das geht nur mit stabilen Kautschukgamaschen. Die gebräuchlichen Nylongamaschen bis über Vorderfußwurzelgelenk bzw. Sprunggelenk sind lediglich optisch relevant, bieten aber im Ernstfall kaum Schutz gegen mögliche Verletzungen.
- Der Anbinder sollte eine geeignete Länge haben, fest auf beiden Seiten des Anhängers installiert und nicht dehnbar ausgelegt sein. Ist er dehnbar, stellt er für das Pferd keine respektable Grenze dar, es wird ihn nicht respektieren können, da mit Gegenzug der gegebene Radius vergrößert werden kann. Außerdem kann ein Gummianbinder dem Pferd beim Zerreißen im ungünstigsten Falle ins Auge schnellen. Wir benutzen plastikummantelte Ketten mit Panikhaken in solider Qualität und rostfrei.

Bei den ersten Schritten des Verladetrainings kommt es entscheidend darauf an, welche Erfahrungen mein Pferd bereits damit gemacht hat. Wenn es zum ersten Mal mit dem Anhänger konfrontiert wird, werde ich keine größeren Probleme haben, die Standardschritte vollziehen zu können. Hat es aber bereits Angst oder eine berechtigte Aversion gegen den Anhänger, ergreife ich vorbereitende Schritte:

Zunächst stelle ich den Anhänger offen, ohne Trennwand und ohne Verriegelungsstangen in den Roundpen oder einen eingezäunten Sandpaddock. Ich lege Heu vorne in den Hänger und lasse das Pferd sich in aller Ruhe mit der Situation auseinander setzen, ohne dass ich es dabei störe. Geht das Pferd den ganzen Tag lang nicht an das Heu, stelle ich am darauf folgenden Tag ein anderes Pferd dazu, welches keine Verladeprobleme hat (siehe Korrektur Sunny). Dieses Pferd wird sich das Heu holen und unser Pferd zur Nachahmung animieren. Geht das Pferd dann alleine ohne Probleme auf den Anhänger, frisst dort und bleibt dort oben ruhig stehen, beginne ich mit dem eigentlichen Training.

Dabei steht der Anhänger zwar da, ich ignoriere ihn jedoch komplett, um dem »Stressor« keine zusätzliche Energie zu geben. Ich bin der Chef im Ring. Ich habe keine Angst vor Anhängern. In meiner Vorstellung gibt es keine Pferde, die Angst vor Anhängern haben!

Ich mache nun die gewohnten Bodenarbeitsübungen im Roundpen. Ist das Pferd mit seiner vollen Konzentration bei mir, führe ich es im Schritt. Ich gehe von der Seite quer über die Anhängerklappe. Das Pferd geht am Ende der Klappe durch den Sand. Das mache ich immer wieder und nehme kontinuierlich das Führseil etwas kürzer, so dass das Pferd direkt neben mir geht. Dann gehe ich am Ende der Klappe durch den Sand. Das Pferd geht jetzt quer über die Klappe, und zwar ganz unten am Rand. Danach mache ich einen Break und lobe das Pferd lange.

Das mache ich immer wieder, wobei ich das Pferd immer weiter nach oben über die Klappe gehen lasse. Schließlich halte ich das Pferd quer auf der Klappe stehend an und lobe es auf der Klappe sehr ausgiebig.

Für das erste Training reicht das. Insgesamt plane ich etwa eine Woche Training ein, wobei ich etwa 20 Minuten pro Tag trainiere. Schaffe ich es, zweimal am Tag zu arbeiten, ist das besser, sofern ich das Pensum nicht erhöhe, sonder ein und das Gleiche halt zweimal am Tag vertiefe.

Am nächsten Tag mache ich wieder die Bodenarbeit, lasse das Pferd aber nun in seinem von mir geforderten Zirkel quer über die Klappe laufen, und zwar in Schritt und Trab. Das Pferd verliert dadurch die Scheu vor der Klappe, gewöhnt sich an das hohl klingende Geräusch und erlebt das Training ohne Stress, mit Freude und viel Lob.

Achtung: Nicht exerzieren.

Jetzt kommt ein wichtiger Moment:
Geht mein Pferd willig über die Klappe, und zwar kontrolliert und nicht hastend, verlagere ich meinen Standpunkt in der Bodenarbeit seitlich neben die Klappe, etwa einen Meter davon entfernt. Dann gestalte ich den Zirkel mit dem Arbeitsseil genau so, dass er direkt mitten auf den Anhänger führt. Im Trab lasse ich das Pferd direkt in den offenen Anhänger laufen. Das Pferd wird sehr überrascht sein. Vielleicht läuft es direkt bis nach oben, vielleicht bremst es im letzten Moment auf der Klappe ab. Was das Pferd auch macht, es ist okay und wird ausgiebig gelobt. Das mache ich ohne Ehrgeiz, ohne Stress und Druck, bis das Pferd oben steht. Hier greift das Prinzip:

Außerhalb des Anhängers ist Unruhe und Arbeit, oben ist Ruhe und Pause.

Der Anhänger wird damit nicht zum Stressor, sondern umfunktioniert zur Pausenoase.

Bei Korrekturpferden verläuft das nicht immer so reibungslos. Bleiben sie penetrant vor oder auf der Hängerklappe stehen, so brauche ich Geduld. Ich hole mir einen Helfer mit einer zweiten Fahrpeitsche. Ich stehe als Verladender mit Führseil und Fahrpeitsche in der Grundposition, der Helfer steht auf der anderen Hängerseite neben der Klappe und macht mit der Fahrpeitsche durch Aufwärtsbewegungen eine imaginäre Wand. Die nervt das Pferd. Ich mache mit meiner Fahrpeitsche hinter dem Pferd im 90-Grad-Winkel ebenfalls eine Wand. Das nervt das Pferd auch.
Ich mache KEINEN Druck (kein progressives Peitschenwedeln mit Aggression). Ich mache nur eine nervende Wand. Damit lasse ich das Pferd vor der Klappe stehen. Ich signalisiere, dass ich alle Zeit der Welt habe. Es geht nun nicht mehr nach links, nicht nach rechts, und erst recht nicht zurück. Es geht nur noch nach vorne auf den Anhänger, oder wir warten zusammen. Sofern das Pferd mich da-

mit ernst nimmt, wird es nach oben gehen. Es hat gelernt, Grenzen zu respektieren und weiß mittlerweile, dass ich meine, was ich tue, denn ich bin eine Autorität. Auf das kleinste Bemühen des Pferdes hin höre ich auf zu wedeln und lobe das Pferd, lasse es aber nicht wieder zurückgehen. Dabei sei bemerkt, dass ich auf keinen Fall das Seil auf dauerhaften Zug bringen darf, da das Pferd daraufhin natürlicherweise dagegenzieht und rückwärts denkt.

Es sei hier darauf hingewiesen, dass der Winkel, den ich zum Pferd einnehme, absolut exakt eingehalten werden muss. Geht der 90-Grad-Winkel auf, verliere ich an Schub. Komme ich zu weit nach vorne, bremse ich mein Pferd in seiner Vorwärtsbewegung ab. Hier zahlt sich meine gründliche Vorarbeit in der Bodenarbeit aus.

Geht mein Pferd auf dem Anhänger, werfe ich ihm im Hochgehen mit Schwung das Arbeitsseil seitlich über den Rücken. Es wird sich schnell daran gewöhnen. Diese Desensibilisierung ist erforderlich für das Training. Ist das Pferd oben, mache ich einen Break und lasse es solange oben stehen, wie es möchte. Kommt es selbstständig wieder nach unten, ergreife ich seitlich neben der Klappe stehend das Arbeitsseil und halte dann seinen Kopf so, dass es gerade über die Klappe nach unten geht. Wird seine Bahn schief, drücke ich sanft den Kopf des Pferdes in die Richtung, in die seine Hinterhand driftet. Es wird bald lernen, was ich mit dem leichten Zugimpuls oder Druckimpuls bezwecke.

Unten lasse ich es ganz von der Klappe treten, mache dann wieder den Break und lobe es ausgiebig. Das Ganze vollziehe ich spielerisch immer wieder mit viel Schwung möglichst im Trab. Ich unterstütze den Schwung mit eigenen schwungvollen Trabschritten. Das Pferd soll förmlich auf den Hänger laufen, aber langsam und kontrolliert wieder nach unten kommen. Das rückwärtige Runtergehen kann eine zweite Person unterstützen, die das Pferd oben auf dem Anhänger in Empfang nimmt, lobt und es dann sanft zupfend wieder heruntergeleitet.

Die nächsten Schritte sind dann:

- Einbau der Trennwand.
- Allmähliches Positionieren der Trennwand immer mehr zu Mitte hin.
- Verriegeln der Hängerseite, die frei bleiben soll.
- Verriegeln der Seite, auf der das Pferd steht.
- Anbinden des Pferdes.
- Schließen der Klappe.
- Lösen des Anbinders.
- Überwerfen des Arbeitsseils über den Rükken von außen nach innen.
- Lösen der rückwärtigen Verriegelung.
- Antippen des Pferdes als Signal zum Herunterkommen.
- Annehmen des Arbeitsseiles und gänzliches Herunterführen des Pferdes von der Klappe.
- Break und LOBEN.

Das Ganze sollte jetzt flüssig und mit viel Spaß auf beiden Seiten geschehen. Hakt der Ablauf an einer Stelle, gehe ich wieder einen Schritt zurück. So werde ich alsbald ein Pferd erleben, das den Hänger so schnell entern wird, dass andere Menschen es kaum fassen können. Dennoch muss ich das immer wieder mal üben und in Erinnerung rufen, will ich im Ernstfall nicht wieder mit dem Grundsatzproblem konfrontiert werden: »WER HAT BEI UNS EIGENTLICH DAS SAGEN?«

Geschafft

7. Weitere Anwendungen der Bodenarbeit nach dem Pferdisch Prinzip

Offizielle Verleihung des Pferdisch Coach Zertifikates 2006

Wir haben bereits mehrfach ausgeführt, dass die Pferdisch Bodenarbeit nicht Selbstzweck ist. Zwar gehen wir mit dem Pferd vom Boden aus spielerisch um, aber die Lektionen verstehen wir nicht als Spiele. Sie dienen dazu, das Pferd in seinem Bewegungsablauf so zu beeinflussen, dass eine Schulung für seine Eignung als Reit- oder Fahrpferd, oder wie auch immer ich es einsetzen möchte, erfolgt.

Auf der Basis der beschriebenen Bodenarbeit kann ich Jungpferde erziehen und ausbilden. Ich kann Pferde, die Förderung und Unterstützung brauchen, damit ebenso positiv beeinflussen, wie ich verrittene oder widersprüchlich ausgebildete Pferde korrigieren kann. Beherrsche ich die gewaltfreie Kommunikation, kann ich damit auch gefahrlos für Mensch und Pferd zunächst in der Freiarbeit und später mit Arbeitsseil solche Problempferde in ein gedeihliches Miteinander zurückführen, auf die sich kein vernünftiger Trainer mehr draufsetzen würde und für die ansonsten nur der Weg zum Schlachter bliebe, sofern sie nicht in der Zucht Verwendung finden. Die Elemente der Bodenarbeit nutze ich darüber hinaus als Basis in der Förderung von Kindern, in Therapie und Pädagogik, indem ich das Pferd als förderndes Medium als förderndes Medium einsetze. Das Gleiche gilt für die Angsttherapie, wenn ich Reiter nach zum Teil traumatischen Erlebnissen mit Pferden wieder in einen entspannten, sicheren, kontrollierten und friedlichen Umgang mit dem Pferd zurückführen möchte. Auch in der Reiterausbildung ist die Bodenarbeit Grundlage der Reiterschulung, wenn es um das Erlernen des Sitzes, der Balance, der Schenkelhilfen, der Tempokontrolle und des Stopps geht. Selbst die Zügelführung erlernt der Reitschüler in einem sicheren Rahmen, den der Reitlehrer ihm zur Verfügung stellt, indem er das Pferd vom Boden aus kontrolliert. Die Bodenarbeit ist Grundlage und Voraussetzung, um ein effektives Hängertraining ohne Druck und Zwang durchführen zu können.

Ausbildung von Reitlehrern und Coaches

Angstbewältigung

Reiterschulung

Förderung von Kindern

Das Wichtigste an dem Erlernen dieser Pferdesprache vom Boden aus besteht jedoch darin, dass der Mensch die Gelegenheit bekommt, aus seinem angestammten Metier heraus das Pferd verstehen zu lernen, etwas über seine Bedürfnisse zu erfahren, die Bewegungen des Pferdes kennen zu lernen und zu spüren, was sie jeweils bedeuten. Das ist nötig, um auf das Pferd in liebevoller Art und Weise einwirken zu können. In liebevoller Art und Weise heißt, dass ich mit dem Pferd so umgehe, dass es das verstehen kann und dass es meinen Ansprüchen leicht nachkommen kann. Das ist immer dann nicht gegeben, wenn ich etwas abfrage, was das Pferd noch nicht versteht, wozu es physisch und/oder mental noch nicht in der Lage ist oder wenn es Schmerzen empfindet. Wir machen es uns oft nicht klar, wie sich das, was wir dem Pferd an Interventionen zukommen lassen, bei diesem auswirkt.

Eine Seminarteilnehmerin schilderte einmal vor der Gruppe im Brustton der Überzeugung, dass sie generell mit Pferden nur noch mit Handschuhen umgehen würde. Sie wäre es leid, dass ihr die Longe oder die Zügel in die Hände einschneiden würden. Auch das Führseil wollte sie sich nicht

Pferdeausbildung

Problempferdekorrektur

mehr durch die nackte Hand reißen lassen und sich dabei die Haut verbrennen. Die Gruppe nickte verständnisvoll und konnte das gut nachvollziehen. Kaum jemand machte sich in dem Moment Gedanken darüber, wie sich dieser enorme Zug auf der anderen Seite wohl anfühlte. Wenn die Zügel, die Longe, das Führseil sich in die Finger des Menschen einschneiden, wie wird das Pferd dieses in seinem Maul oder auf seinem Nasenrücken wohl empfinden? Das Pferd kann Zug nur mit Gegenzug beantworten. Das ist ein Naturgesetz, dem das Pferd unterliegt. Letztendlich bewegt nur Schmerz das Pferd zum Nachgeben. Wie würden wir uns fühlen, wenn wir unter Schmerzen zu etwas gezwungen würden? Wie würden wir uns fühlen und wie würden wir reagieren? In einem schwachen Zustand würden wir nachgeben, uns unterordnen und still leiden. In einer starken Verfassung dagegen würden wir versuchen, uns dem unangenehmen Zugriff zu entziehen. Wir würden gegenhalten, würden uns passiv verweigern, würden auf Durchzug schalten oder wir würden kämpfen, weglaufen und uns dem Zugriff entziehen, indem wir uns losreißen. Das Pferd würde einen Reiter abbuckeln, am Zaun abstreifen oder durch Steigen loswerden. Über andere Möglichkeiten verfügt das Pferd nicht. Zeigt es eine dieser Verhaltensweisen, um sich zu schützen, um für sich zu sorgen, dann wird dieses häufig dahingehend interpretiert, dass wir das Pferd als Verbrecher abstempeln.

Unsere Schulungen beinhalten von daher immer beide Sichtweisen und Gefühle, die des Menschen und die des Pferdes. Nur wenn beiden Ansprüchen genüge getan wird, ist ein harmonisches Miteinander möglich. Damit wollen wir keinesfalls gegen Leistung, gegen Zielstrebigkeit, gegen Weiterentwicklung, gegen Perfektionierung und Verfeinerung unserer Interaktion mit dem Pferd sprechen. Unser Anliegen ist es vielmehr, dabei die Interessen der Pferde als gleichwertig zu betrachten. Die Waage ist nur in Balance, wenn es beiden gut geht. Es hilft sehr, sich gedanklich einmal mit der Situation des Pferdes zu identifizieren und hinzufühlen, wie das Pferd sich in der einen oder anderen Alltagssituation fühlt. Wenn wir dabei eine Umgangsform finden, die das Pferd so behandelt, wie wir selber gerne behandelt würden, dann sind wir auf dem richtigen Weg. Genauso ist über Jahre hinweg durch den Umgang mit vielen Pferden und Menschen, hier und woanders, das Pferdisch Prinzip entstanden. Dabei können wir alle davon ausgehen, dass die praktische Gestaltungsform des Pferdisch Prinzips zu diesem Zeitpunkt nicht endgültig fertig und festgeschrieben ist. Wir selber lernen täglich weiter. Die Rückmeldungen der Menschen und Pferde, mit denen wir arbeiten, geben uns Impulse und Anreize, das Prinzip weiter zu entwickeln, zu verfeinern, Bewährtes gegen Besseres auszutauschen oder Dinge, die sich nicht bewährt haben, loszulassen. Gerade dieses Loslassen von Vertrautem fällt uns allen so schwer. Dabei ist das Loslassen von Dingen, von Situationen oder von Gewohnheiten so einfach: Ich muss die festhaltende Partie in mir nur entspannen.

8. Schlusswort

Friedhelm Pohl

Nachdem wir die gewaltfreie Kommunikation mit dem Pferd am Boden ausführlich beschrieben haben, ist es uns ein Bedürfnis, in unserem Schlusswort den Leser einzuladen, über die Auswirkungen von Respekt und Vertrauen und seine Motivation, mit Pferden umzugehen, nachzudenken. Hier sind ein paar Anstöße, sich auf diesem Hintergrund zu reflektieren:

Sehr viele Menschen halten oftmals jahrelang an alten Gewohnheiten, an einem Job, ja sogar an einem Partner fest, die ihnen definitiv nicht gut tun. Was mag wohl der Grund dafür sein?

Wir alle kennen den Spruch: »Lieber den Spatz in der Hand, als die Taube auf dem Dach.« Was heißt das?

Ich gebe mich mit etwas zufrieden, was mir eigentlich gar nicht gerecht wird. Dadurch ist dieser Platz bei mir jedoch belegt. Ich habe gar keine Gelegenheit, etwas Neues, Besseres zu bekommen, das mir tatsächlich gerecht wird. Ich ordne mich gewissen Sachzwängen unter, die ich selber gerade für mich festgeschrieben habe. Ich beruhige mich damit, dass »man« nichts tun könne. Das ist halt so. Anderen geht es auch nicht viel besser – ja eigentlich kann »man« ja doch froh sein, überhaupt in dieser Situation Sicherheit zu finden. So geht die Zeit dahin. Wir sind zwar sicher in der selbst gewählten Unvollkommenheit der Lebenssituation, aber nicht glücklich. Vielleicht sogar unglücklich?

Und warum machen wir das? Warum machen wir das mit? Warum machen wir das so lange mit, wenn es uns doch nicht gut tut?

Weil wir Angst haben. Angst, dass wir ins Nichts fallen könnten, wenn wir das Vertraute losließen. Ins Nichts? Gibt es überhaupt ein Nichts? Ist schon irgendjemand aus der Welt gefallen? Was könnte schlimmstenfalls passieren?

Diese Frage stellen wir uns immer, wenn wir Entscheidungen zu treffen haben. Was könnte schlimmstenfalls passieren? Was könnte mir passieren, wenn ich das loslassen würde, was mir nicht gut tut, was meinem Pferd nicht gut tut?

Die Antwort ist sehr einfach:

Es könnte passieren, dass sich etwas ereignet, fügt, entwickelt, das mir gut tut, das zu mir passt, das meinem Pferd gefällt, das uns gemeinsam in ein partnerschaftliches Verhältnis führt.

Auf andere Situationen übertragen:

Ich könnte einen Job finden, der mir Freude macht. Ich könnte einen Partner finden, der zu mir passt, mich liebt, mich achtet und dem ich vertrauen kann. Es könnte doch alles eigentlich nur besser werden, nicht wahr?

Wenn da nicht das »Ja, aber ...« wäre.
Ja, aber wenn das jeder machen würde?
Ja, aber wenn ich dann nie wieder jemanden kennen lerne?
Ja, aber wenn ich dann für den Rest meines Lebens arbeitslos bin?

Wenn ich in einem Job, der mir keine Freude macht, Arbeit gefunden habe, dann werde ich es in einem Job, der mich begeistert doch wohl schaffen, für mich zu sorgen, oder?

Christine Pohl

Wenn wir der Sache auf den Grund gehen, dann rührt die Angst vor Neuem doch daher, dass wir kein Vertrauen haben. Stattdessen befürchten wir, dass alles noch schlechter, noch schlimmer kommen könnte. Wir haben kein Vertrauen in uns selber, in unser grenzenloses Potential, in unsere Ressourcen, in die Fügungen des Schicksals. Wir haben kein Vertrauen, dass es eine Kraft gibt, die es gut mit uns meint.

Wir haben viel über Respekt und Vertrauen gelesen. Nun kommen wir zu dem Knackpunkt:

Respekt und Vertrauen gelten auf Gegenseitigkeit. Mein Pferd kann mir nur vertrauen, wenn es genau spürt, dass ich ihm auch vertraue. Es kann mich nur respektieren, wenn ich es in seiner Individualität auch respektiere. Das Ganze ist eine Beziehung auf Gegenseitigkeit. Wenn ein Baustein fehlt, bricht das ganze Konstrukt zusammen. Wenn ich Angst vor meinem Pferd, vor dem Gelände, vor dem Sprung, vor anderen Mitreitern, vor dem Reitlehrer, vor dem Turnierrichter habe, wenn ich von meiner Grundeinstellung her davon ausgehe, dass jemand oder gar alle mir etwas anhaben wollen, dann kann ein ausgewogenes und sicheres Respekt- und Vertrauensverhältnis überhaupt nicht entstehen.

So, nun wird der eine oder andere einwenden: »aber ... was ist, wenn mein Pferd tatsächlich anfängt, herumzuticken ...«
Ja, wenn das der Fall wäre, was hätte ich denn dann überhaupt für eine Chance? Glaubt irgendjemand ernsthaft, er könnte sich auf einem Pferd halten, wenn dieses das nicht mehr will? Was ist mit dem Restrisiko? Wieso eigentlich Rest? Was ist mit dem Risiko? Wenn ich mir doch eingestehen muss, dass ich letztendlich immer vom guten Willen des Pferdes abhängig bin, dann muss ich letztendlich doch vertrauen. Ich muss meinem Pferd vertrauen, denn wenn ich das nicht tun will, dann bleibe ich besser weg von meinem Pferd. Am besten setze ich mich gar nicht mehr drauf.

Steht doch hier wieder einmal nur die Entscheidung an: Will ich vertrauen, kann ich vertrauen, oder kann ich es nicht. Und ein bisschen Vertrauen gibt es ebenso wenig, wie ein bisschen schwanger; wir bemerkten es bereits. Diesen Punkt sollte jeder einmal für sich zu Ende denken, um dann konsequent das auch zu tun, zu dem er sich entschieden hat. Dann kann sich eine Partnerschaft entwickeln, dann kann Harmonie entstehen. Dann braucht kein Pferd mehr gegen seinen Menschen kämpfen. Kein Mensch muss mehr gegen sein Pferd kämpfen. Dann gibt es keine Gewinner mehr, und auch keine Verlierer. Dann gibt es keine Reitunfälle, keine gegenseitigen Übergriffe, keinen Frust, keine Angst. Dafür allerdings viel Freude und Spaß. Spaß für Mensch und Pferd. Und genau das ist das Ziel von Pferdisch.

PFERDISCH – VERSTEHE DICH UND DEIN PFERD.

Anhang

Das Pferdisch Prinzip – Neue Wege im Umgang mit Pferden und Menschen

Christine & Friedhelm Pohl

In diesem Buch erklären die Autoren die Entstehung der Pferdisch Philosophie und die Zusammenhänge von Stress und Selbstvertrauen in der Kommunikation zwischen Mensch und Pferd. Anhand von praktischen Beispielen aus der Arbeit mit Pferden und Menschen zeigen sie die faszinierende Wirkung von Körpersprache und dem In-sich-Ruhen, im Hier und Jetzt leben. Auf dieser Basis ist es möglich, das Respekt- und Vertrauensverhältnis herzustellen, auf dem alles Weitere aufbaut. Sie beschreiben in diesem Buch, woraus das Pferdisch Prinzip besteht, wie man eine gute Kommunikation herstellt und was man, darauf aufbauend, alles mit Pferden machen kann. Dabei handelt es sich nicht nur um Bodenarbeit und das Reiten des Pferdes, sondern auch um das Pferd als Medium im therapeutischen Sinne. Dieses Buch bildet das Herzstück einer Bücherreihe, die helfen sollen, Pferde (und Menschen) besser zu verstehen und im Umgang mit Pferden viele Missverständnisse aus dem Weg zu räumen und zu sich selbst zu finden.

Das Pferdisch Prinzip findet u.a. Anwendung in zwischenmenschlichen Beziehungen, besonders in der Kindererziehung, der therapeutischen Arbeit, sowie in der Konfliktbewältigung und der Heilung. Das Wort *Pferd* in diesem Buch kann durch *Partner, Kind, Eltern, Kollege* o. Ä. ersetzt werden.

LebensWichtiges

ISBN Nr.: 3-00-016534-7

Friedhelm Pohl

Gehören zu den wichtigen Dingen unseres Lebens nicht

- der Erhalt eines gesunden Körpers;
- die Entwicklung eines wachen, selbstbestimmten Geistes;
- der Aufbau und Erhalt unserer zwischenmenschlichen Kontakte als unser Lernfeld und
- die Entwicklung unseres Bewusstseins, unsere spirituelle Entwicklung?

Und wie viel Zeit wenden wir täglich für diese wichtigen Dinge auf?

Der Autor hat in einem langen und schwierigen Prozess die »sicheren« Aspekte seines Lebens hinter sich gelassen, um sich den Wichtigkeiten zu widmen. Er möchte den Leser an seinen Erfahrungen, Erkenntnissen und Einsichten teilhaben lassen, wobei er sich als Mutmacher und Orientierungshilfe versteht.

Das Pferdisch Prinzip kostet 19 Euro, das Buch LebensWichtiges 19.50 Euro plus jeweils 1,50 Euro Versand (innerhalb Deutschlands). Bestellungen sind möglich per Email info@pferdisch.com oder Fax 02581 / 9279082. Bitte Namen und vollständige Anschrift angeben. Die Bezahlung erfolgt durch Überweisung auf das Konto der Pferdisch GbR:

Deutsche Bank Münster
Kto.Nr. 0120030
BLZ 400 700 24

nach Erhalt der Rechnung.